MARÍLIA PEDROSO XAVIER • WILLIAM SOARES PUGLIESE

DIVÓRCIO LIMINAR

TÉCNICA PROCESSUAL ADEQUADA PARA SUA DECRETAÇÃO

Dados Internacionais de Catalogação na Publicação (CIP) de acordo com ISBD

X3d   Xavier, Marília Pedroso
       Divórcio liminar: técnica processual adequada para sua decretação / Marília Pedroso Xavier, William Pugliese. - Indaiatuba, SP : Editora Foco, 2022.

       104 p. : 17cm x 24cm.

          Inclui bibliografia e índice.
          ISBN: 978-65-5515-568-6

          1. Direito. 2. Direito de família. 3. Divórcio. I. Pugliese, William. II. Título.

2022-1841   CDD 342.16   CDU 347.61

Elaborado por Vagner Rodolfo da Silva - CRB-8/9410
Índices para Catálogo Sistemático:

    1. Direito de família 342.16
    2. Direito de família 347.61

MARÍLIA PEDROSO XAVIER • WILLIAM SOARES PUGLIESE

DIVÓRCIO LIMINAR

TÉCNICA PROCESSUAL ADEQUADA PARA SUA DECRETAÇÃO

2022 © Editora Foco
Autores: Marília Pedroso Xavier e William Soares Pugliese
Diretor Acadêmico: Leonardo Pereira
Editor: Roberta Densa
Assistente Editorial: Paula Morishita
Revisora Sênior: Georgia Renata Dias
Revisora: Simone Dias
Capa Criação: Leonardo Hermano
Diagramação: Ladislau Lima e Aparecida Lima
Impressão miolo e capa: META BRASIL

DIREITOS AUTORAIS: É proibida a reprodução parcial ou total desta publicação, por qualquer forma ou meio, sem a prévia autorização da Editora FOCO, com exceção do teor das questões de concursos públicos que, por serem atos oficiais, não são protegidas como Direitos Autorais, na forma do Artigo 8º, IV, da Lei 9.610/1998. Referida vedação se estende às características gráficas da obra e sua editoração. A punição para a violação dos Direitos Autorais é crime previsto no Artigo 184 do Código Penal e as sanções civis às violações dos Direitos Autorais estão previstas nos Artigos 101 a 110 da Lei 9.610/1998. Os comentários das questões são de responsabilidade dos autores.

NOTAS DA EDITORA:

Atualizações e erratas: A presente obra é vendida como está, atualizada até a data do seu fechamento, informação que consta na página II do livro. Havendo a publicação de legislação de suma relevância, a editora, de forma discricionária, se empenhará em disponibilizar atualização futura.

Erratas: A Editora se compromete a disponibilizar atualização futura no site www.editorafoco.com.br, na seção Atualizações, eventuais erratas por razões de erros técnicos ou de conteúdo. Solicitamos, outrossim, que o leitor faça a gentileza de colaborar com a perfeição da obra, comunicando eventual erro encontrado por meio de mensagem para contato@editorafoco.com.br. O acesso será disponibilizado durante a vigência da edição da obra.

Impresso no Brasil (06.2022) – Data de Fechamento (06.2022)

2022
Todos os direitos reservados à
Editora Foco Jurídico Ltda.
Avenida Itororó, 348 – Sala 05 – Cidade Nova
CEP 13334-050 – Indaiatuba – SP

E-mail: contato@editorafoco.com.br
www.editorafoco.com.br

Dedicamos esse livro a todos aqueles que têm se esforçado, diuturnamente, para a construção de um Direito das Famílias mais coerente com as ideias de autonomia, liberdade e autorresponsabilidade das pessoas.

A missão dessa obra terá sido cumprida quando o Superior Tribunal de Justiça modificar seu entendimento e firmar precedente pela possibilidade do divórcio liminar, enterrando os preconceitos do antigo sistema culposo de separação e divórcio.

APRESENTAÇÃO

JÁ SUPERAMOS A ERA DO "EU NÃO DOU O DIVÓRCIO"?

Em nossa advocacia e docência, ao longo dos últimos anos, tivemos a oportunidade de vivenciar de perto as inúmeras revoluções que as famílias brasileiras contemporâneas têm experimentado. Sem dúvida, uma das mais festejadas pela doutrina é o fim do sistema culposo da separação e do divórcio. Felizmente, não mais persiste na legislação brasileira a aplicação de dispositivos que permitiram, no passado, estigmatizar o cônjuge que, supostamente, teria sido o "causador" do fim do relacionamento e, da mesma forma, não é mais necessário que o casal exponha sua intimidade e vida privada ao juízo indicando o que levou ao término do casamento. Nem mesmo é preciso respeitar os antigos lapsos temporais impostos a contragosto para que a pessoa pudesse colocar fim definitivo ao relacionamento e casar-se novamente. Porém, a pergunta que remanesce é: será que esse sistema anacrônico foi verdadeiramente superado?

A dúvida acima surgiu quando atuamos em uma causa em que as partes já estavam separadas de fato, com moradias e rotinas distintas, e até mesmo vivenciando novos relacionamentos há mais de um ano. Não havia qualquer polêmica ou desconforto sobre o fato de o relacionamento afetivo ter acabado, mas o que ainda rendia discussões eram os termos da partilha de bens. Uma das partes insistia em fazer valer sua visão de justiça naquele caso concreto: exigir que o outro doasse aos filhos sua parte do imóvel que servia de moradia para a família (o que correspondia a 80% do imóvel). Ocorre que aquele era o único bem e os termos propostos significavam que aquele que doasse sairia em uma posição totalmente desvantajosa. Apesar de se valerem de uma mediação e, depois, de negociações entre advogados, não houve acordo. Assim, o que restou foi a judicialização requerendo o divórcio liminar, a partilha de bens e os demais aspectos que envolviam os filhos comuns.

Para a perplexidade dos autores, a decisão do juízo de Família foi categórica: pretensão do autor negada sob o fundamento de que não havia urgência na decretação do divórcio. Em sede recursal, outra decepção. Apesar de demonstrar que o cliente estava em união estável com outra pessoa, já havia formalizado por escritura pública a nova união e já tinha, inclusive, a posição de dependente no plano de saúde da nova companheira, o Tribunal entendeu que não era possível a reforma da decisão por conta do entendimento do Superior Tribunal de Justiça contra a possibilidade de divórcio liminar por não haver urgência e que, assim sendo, os efeitos do divórcio somente se operariam após o trânsito em julgado da decisão. É importante um alerta para os leitores: isso tudo ocorreu recentemente, entre 2020 e 2022.

Para que não reste suspense, cabe dizer que caso teve final feliz: após as turbulências e desgastes do litígio, as partes e seus advogados conseguiram entabular um acordo após duas reuniões conjuntas de tarde cheia e de muito trabalho. A petição foi redigida em conjunto e assinada na presença de todos, de forma amena e tranquila, coroando o diálogo respeitoso e maduro que sempre deve prevalecer nas famílias. Porém, a vitória do consenso levou cerca de dois anos de tramitação e deixou um rastro de traumas e destruição a despeito do final amigável.

Evidentemente, o ideal na advocacia familiarista sempre é buscar um acordo vantajoso para todas as partes. Mas, quando (ou enquanto) isso não é possível, o Poder Judiciário não pode se colocar em uma posição conservadora e legalista que propicie a perpetuação da vingança privada da parte que nega o divórcio ao outro. Aquele que, apesar de estar completamente separado de fato, não concorda de pronto com o encerramento do vínculo jurídico do casamento acaba por praticar chantagens e jogos de poder para prejudicar a outra parte ou forçar acordos desvantajosos. A verdade é que, no fundo, enquanto essa resposta for dada pelos Tribunais brasileiros, continuaremos a viver na era do "eu não dou o divórcio".

POR QUE O DIVÓRCIO LIMINAR É TÃO IMPORTANTE E SE TORNARÁ CADA VEZ MAIS NECESSÁRIO?

É lugar comum dizer que para atuar nas demandas de família os profissionais envolvidos devem ter muita sensibilidade. Porém, apesar do tom clichê, a prática forense cotidiana demonstra que essa é uma lição que precisa ser sempre lembrada e, até mesmo, demandada.

Quando um pedido de divórcio liminar é negado, temos o cenário ideal para a prática de inúmeros atos de vingança privada. Não raro, vemos casais que se infantilizam e assumem posturas bélicas e de revanchismos quando o fim do relacionamento se avizinha. Tudo vira motivo de briga. A posição jurídica ainda formalmente ostentada como cônjuge é utilizada para "infernizar" a vida do outro. Um exemplo bem presente na advocacia é a negativa de assinar documentos necessários para a ex-esposa/ex-marido por puro sadismo.

Mas não é só. Um dos pontos mais agudos que experimentam os que ainda são mantidos casados à força pelo Poder Judiciário brasileiro é o constrangimento pessoal e social de não poder viver plenamente um novo relacionamento. Aqui, tem-se um verdadeiro abalo na dignidade da pessoa humana, fundamento do Estado (CF, art. 1, inc. III). Esses novos relacionamentos se iniciam sob máculas de clandestinidade e de que as partes estão sendo infiéis, quando isso não é verdade. Note-se: quando não há acordo, os processos na área de família podem, sem qualquer dose de exagero, perdurar por longos anos. Não é aceitável que enquanto houver desacordo sobre temas patrimoniais as escolhas existenciais no campo afetivo sejam prejudicadas. Infelizmente, como já dito, esse tipo de conduta tem sido praticado como estratégia ardilosa por aqueles que não aceitam o fim do relacionamento, querem de forma doentia preservar algum tipo de ligação ou querem forçar um acordo desvantajoso a partir de uma estratégia de desgaste e desistência do outro.

A importância do tema encontra também uma outra razão. Entendemos que o divórcio liminar se tornará mais necessário nos próximos anos. Há certa tendência de que as partilhas de bens se tornem cada vez mais complexas e, por conta disso, mais propensas à judicialização. Afinal, envolverão patrimônios que ainda ensejam lacunas e polêmicas doutrinárias e jurisprudenciais, tais como bens digitais e criptoativos. Assim, ter uma solução que propicie o divórcio das partes de forma breve, relegando as discussões patrimoniais para as Varas de Família com toda a dilação probatória necessária, parece acertada.

A longo prazo, um novo precedente do Superior Tribunal de Justiça pelo divórcio liminar produzirá uma mudança de comportamento nas próprias partes e seus advogados, uma vez que terão muita propensão a concordar com o pedido e facilitar um peticionamento conjunto consensual na medida em que saberão que a pretensão será atendida pelo juízo competente.

O QUE SE ESPERA DA ADVOCACIA FAMILIARISTA QUANDO CONSULTADA SOBRE UM DIVÓRCIO?

Este livro parte da premissa que o divórcio liminar deve ser requerido de forma consciente e responsável pelas partes. Assim, espera-se que os requerentes tenham tido a oportunidade de amadurecer a ideia de prosseguir pelo caminho do fim definitivo do relacionamento e sido devidamente orientados das consequências dessa escolha. Nesse sentido, o papel desempenhado pela advocacia é absolutamente fundamental.

Espera-se da advocacia familiarista muita sensibilidade para promover uma escuta ativa daqueles que enfrentam esse momento delicado da decisão do divórcio, oferecendo o escritório como um lugar seguro e confidencial para que medos, anseios e dúvidas possam ser manifestados de forma sincera e sejam devidamente acolhidos.

É muito comum, lamentavelmente, que os clientes procurem especialistas e tragam para as primeiras reuniões crenças totalmente equivocadas sob a forma de verdades absolutas (tais como que pensão alimentícia sempre é fixada em trinta por cento do valor salarial do devedor, que a guarda compartilhada dos filhos não importa pagamento de pensão alimentícia para os filhos, dentre outros). Assim, por vezes, há o desafio adicional de desconstruir essas verdadeiras miragens.

A ideia de um divórcio liminar, ainda que precise ser requerido em juízo, não exclui de nenhuma maneira a potencialidade das partes se valerem de métodos mais adequados para a autocomposição do conflito. Baseado em nossa experiência profissional, entendemos que o diálogo é a ferramenta mais poderosa para encorajar as partes a seguir em frente com foco no futuro e reconstruir a vida de modo sustentável.

As discussões sobre divórcio são especialmente vocacionadas para que seja trabalhada a chamada "lide sociólogica", a qual envolve o enfrentamento das causas subjacentes do conflito (de cunho psicológico, emocional e social). Não é para menos: o divórcio gera mudanças que afetam a própria identidade das pessoas, uma vez que nome, estado civil, residência e relações de pertencimento são vertiginosamente afetadas. Aqui, ganha destaque a possibilidade do ex-casal se valer da advocacia colaborativa e da mediação (judicial ou extrajudicial). Caberá aos advogados dissipar as falsas expectativas de ganhos irreais pelo caminho da belicosidade e do litígio. Também, incentiva-se fortemente que seja indicado para a família a consulta a terapeutas especializados em tornar esse processo de ruptura o menos doloroso possível, ressignificando o luto, a dor da rejeição e a incapacidade de aceitar mudanças para uma real "virada de página" que represente nova possibilidade de vida a ser experienciada.

O ex-casal precisará, de alguma forma, aprender a conviver quando tiver filhos em comum. A elaboração de um pacto de parentalidade pode ajudar nisso e a própria tecnologia tem ajudado os pais a gerenciar as mudanças de rotina ocorridas por conta do divórcio. O aplicativo "Os Nossos", por exemplo, permite a organização e o compartilhamento de agenda e calendário de atividades dos filhos, bem como o registro e gestão das despesas financeiras.

Por fim, cabe frisar a importância de se certificar que o protagonismo das decisões nesse campo é do cliente. Afinal, é ele quem enfrentará ao vivo e a cores todas as consequências emocionais, sociais, psicológicas, espirituais e financeiras do divórcio. Mais: caso deseje mudar de ideia e lutar pela continuidade do relacionamento, que isso seja incentivado, evidentemente que com todos os esclarecimentos devidos e apoio multidisciplinar.

– Como amigo, lhe dou um conselho: enterre os mortos.

Ela pareceu levar um susto.

– Como assim?

– Desista do passado e encare o futuro! O que passou passou. A amargura não vai adiantar coisa alguma.

– Uma atitude que seria muito conveniente a Linnet!

Poirot fez um gesto vago com a mão.

– No momento não estou pensando nela e, sim, na senhorita. Sei que sofreu um rude golpe, mas sua atitude no momento só faz prolongar este sofrimento.

(Diálogo de Hercule Poirot com Jacqueline de Bellefort quando ela perseguia insistentemente seu ex-noivo, Simon Doyle, e sua melhor amiga, Linnet, que a traíram, casaram e estavam em lua de mel no Egito). Agatha Christie. *Morte no Nilo*. Rio de Janeiro: HarperCollins Brasil, 2017. p. 53.

SUMÁRIO

APRESENTAÇÃO VII

INTRODUÇÃO 1

1. A ORIGEM DO PROBLEMA NA LEI E NA JURISPRUDÊNCIA 5
   1.1   A Emenda Constitucional 66/2010 e o divórcio liminar 5
   1.2   A decisão do STJ contra o divórcio liminar é um precedente vinculante? 14

2. A CONSTRUÇÃO DO DIVÓRCIO COMO DIREITO POTESTATIVO 17
   2.1   Conceitos de casamento e divórcio 17
   2.2   Efeitos decorrentes do casamento e do divórcio 19
   2.3   Direito potestativo ao divórcio 25
   2.4   Fundamentos materiais para a decretação liminar do divórcio 31

3. DECISÕES LIMINARES E TUTELA DO DIVÓRCIO 39
   3.1   Técnica processual e tutela de direitos 39
   3.2   Tutela de urgência 44
         3.2.1   Conceito e estrutura da tutela provisória de urgência no CPC/15 44
         3.2.2   Funções da tutela de urgência 46
   3.3   Tutela de evidência 49
   3.4   Julgamento liminar de improcedência e julgamento antecipado parcial do mérito 56
   3.5   Procedimentos especiais 58
   3.6   O divórcio e as técnicas processuais previstas pelo Código de Processo Civil ... 61

4. DIVÓRCIO LIMINAR E TÉCNICA PROCESSUAL 63
   4.1   Irreversibilidade da medida e exigência de contraditório prévio 63
   4.2   Divórcio liminar e julgamento antecipado parcial de mérito 68

4.3	Limites da decretação liminar do divórcio...	71
4.4	Organização procedimental do divórcio liminar...	74
4.5	Como formular o pedido de divórcio liminar..	76

CONSIDERAÇÕES FINAIS.. 79

REFERÊNCIAS.. 83

INTRODUÇÃO

A presente obra tem como objetivo oferecer a via processual adequada para se obter o divórcio por meio de uma decisão liminar. O principal fundamento para tanto é o de que o divórcio contemporâneo é um direito potestativo. A questão aqui considerada ganhou novos contornos após a entrada em vigor do Código de Processo Civil de 2015 que, a partir da estruturação das tutelas provisórias, permitiu a antecipação de uma série de decisões que, até então, somente poderiam ser proferidas em sentenças. A partir dessa reforma e do diálogo dos processualistas com civilistas, especialmente aqueles juristas mais voltados ao Direito de Família, deu-se novo fôlego à tese de que o divórcio pode ser decretado liminarmente pelo juiz, no momento em que a ação é recebida.

No entanto, a tese favorável ao divórcio liminar possui uma série de elementos de direito material e processual que podem gerar entraves. Por exemplo, a referida liminar que decreta o divórcio é fundada em urgência ou em evidência? Ou, ainda, é possível que se profira decisão liminar, de mérito, com conteúdo declaratório/constitutivo? Ao esbarrar nesses questionamentos, o Superior Tribunal de Justiça, em 2020, por decisão monocrática proferida no Recurso Especial 1.844.545/GO, tendo o Min. Antonio Carlos Ferreira como relator, concluiu que não é cabível a decretação do divórcio em que não se oportunize o contraditório ao réu. Ou seja, o divórcio litigioso somente pode ser decretado após a citação do cônjuge requerido.

Mas, parte da doutrina manteve suas convicções e seguiu sustentando a viabilidade do divórcio liminar. Como consequência, os tribunais estaduais receberam uma série de requerimentos para a decretação do divórcio. Muitos deles, inclusive, com fundamentação inovadora. Tudo isso levou a um novo capítulo sobre o tema, no qual decisões têm surgido com a decretação liminar do divórcio, distinguindo os casos analisados em relação àquele julgado pelo STJ e contribuindo, cada vez mais, para o aprimoramento da compreensão prática e científica sobre a questão. Nessa linha, há decisões aplicando o regime das tutelas provisórias para a concessão do divórcio liminar, enquanto outras empregam o julgamento antecipado parcial de mérito.

A diversidade das técnicas processuais adotadas para o deferimento do divórcio liminar chama a atenção. O que se percebeu, a partir dessa reflexão, é que a parcela da jurisprudência que admite, teoricamente, o divórcio liminar, encontra nos elementos processuais os principais óbices para a concessão de pedidos dessa natureza.

O questionamento aqui elaborado está voltado, essencialmente, para os casos de divórcios litigiosos, de modo que as reflexões desenvolvidas não têm em mente as hipóteses de divórcio extrajudicial ou de divórcio judicial consensual. Por esta razão já se esclarece que, quando se referir a divórcio, deve-se interpretar o texto como uma menção a um divórcio litigioso em trâmite perante o Poder Judiciário.

A hipótese que guiará a presente obra é a de que o Código de Processo Civil oferece técnica processual adequada para a tutela do divórcio. No entanto, essa técnica não se encontra expressamente delineada e, por isso, não há previsão objetiva no Código a respeito da decretação liminar do divórcio. Essa omissão da lei não deve impedir o exercício do direito, nem a sua tutela pelo Poder Judiciário.

Para que essa hipótese se sustente, faz-se necessária a compreensão de diversos institutos. Antes de mais nada, o primeiro capítulo apresentará uma descrição completa do problema que se pretende enfrentar e o estado atual do tema nos tribunais. Para tanto, parte-se da Emenda Constitucional 66/2010, a chamada Emenda do Divórcio, com enfoque no debate doutrinário e jurisprudencial a respeito do tema do divórcio liminar.

O segundo capítulo enfrenta o tema sob o ponto de vista do direito material. Aqui, são três os elementos imprescindíveis para a devida compreensão da questão: em primeiro lugar, é preciso compreender o conceito e os efeitos do casamento; em seguida, é possível refletir e identificar o conceito e os efeitos do divórcio; em terceiro lugar, deve-se investigar o significado de direito potestativo, justamente porque este é um dos fundamentos centrais para a tese da decretação liminar do divórcio. Em outras palavras, sob o ponto de vista do direito material, o livro investigará os efeitos fáticos e jurídicos do casamento, do divórcio e o significado da afirmação de que o direito ao divórcio é um direito potestativo.

O terceiro capítulo examina o problema sob o ponto de vista processual. Nessa perspectiva, há diversos institutos que precisam ser compreendidos a fim de se organizar o entendimento acerca das decisões liminares no processo civil brasileiro. O ponto de partida para tanto é o que pode ser chamado, genericamente, de tutela antecipada ou provisória. Afinal, se a hipótese da obra é a de que um magistrado pode decretar o divórcio sem ouvir o réu, é preciso investigar a origem dos institutos processuais que permitem a atuação liminar do magistrado. Assim, serão examinadas as hipóteses de tutela de urgência e de tutela de evidência. O terceiro capítulo também investiga outras duas técnicas processuais que permitem a decisão liminar pelo magistrado: o julgamento liminar de improcedência e o julgamento antecipado parcial do mérito. Ao final deste capítulo, examina-se a teoria dos procedimentos especiais, voltada para a tutela efetiva dos direitos materiais, uma vez que as reflexões da doutrina sobre este tema contribuem para o enfrentamento do divórcio liminar. A ideia que conclui este capítulo é a de que o direito de ação, compreendido como direito fundamental à tutela de direitos, garante a todo cidadão a efetiva tutela dos direitos, inclusive mediante a construção do procedimento adequado.

O quarto capítulo retorna à hipótese lançada e examina criticamente as técnicas processuais disponíveis para identificar, em definitivo, qual é a via adequada para a decretação do divórcio liminar. Confirma-se a afirmação de que o Código de Processo Civil oferece técnica processual adequada para tanto. Trata-se do julgamento antecipado parcial de mérito, desde que compreendido que não é possível estabelecer controvérsia a respeito do pedido de divórcio. Isto, evidentemente, não significa que todo o mérito do processo será decidido liminarmente, já que não é possível julgar em definitivo a partilha, alimentos ou a guarda de filhos menores sem a oitiva do requerido. O divórcio, porém, pode ser decretado liminarmente sem que qualquer regra de direito material ou processual seja violada.

1
A ORIGEM DO PROBLEMA NA LEI E NA JURISPRUDÊNCIA

Para dar início a este trabalho de pesquisa, o primeiro passo é identificar claramente o problema. Quando se trata de divórcio judicial, a discussão deve passar pela Emenda Constitucional 66/2010 e compreender seus efeitos sobre o divórcio no direito brasileiro. Na trajetória do instituto, também será necessário avaliar como foi desenvolvida a tese do divórcio liminar e as decisões já proferidas a respeito do tema. Por fim, verifica-se se existe algum precedente vinculante sobre o assunto.

1.1 A EMENDA CONSTITUCIONAL 66/2010 E O DIVÓRCIO LIMINAR

O ponto de partida deste trabalho é, certamente, a Emenda Constitucional 66/2010, também chamada de Emenda do Divórcio. Não há dúvida de que o Direito de Família era um até 2010 e, após a Emenda, alterou-se substancialmente. A redação original do art. 226, § 6º, da Constituição da República Federativa do Brasil era a seguinte: "O casamento civil pode ser dissolvido pelo divórcio, após prévia separação judicial por mais de um ano nos casos expressos em lei, ou comprovada separação de fato por mais de dois anos". Com a emenda, a regra passou a ser que "O casamento civil pode ser dissolvido pelo divórcio".

Com acerto, Rodrigo da Cunha Pereira, afirma que a Emenda representou "o coroamento de uma luta histórica pelo divórcio no Brasil, que durou quase dois séculos".[1] Nesse mesmo sentido, Maria Berenice Dias sustenta que essa alteração constitucional teve o condão de alterar também o paradigma de todo o direito das famílias. Para a autora, "a dissolução do casamento sem a necessidade de implemento de prazos ou identificação de culpados dispõe também de um efeito simbólico: deixa o Estado de imiscuir-se na vida das pessoas, tentando impor a mantença de vínculos jurídicos quando não mais existem vínculos afetivos".[2]

---

1. DIVÓRCIO direto completa 10 anos; emenda constitucional foi concebida em parceria com o IBDFAM. *IBDFAM*, 09 jul. 2020. Disponível em: https://ibdfam.org.br/noticias/7472/Div%C3%B3rcio+direto+completa+10+anos%3B+emenda+constitucional+foi+concebida+em+parceria+com+o+IBDFAM. Acesso em: 19 abr. 2022.
2. DIAS, Maria Berenice. *Manual de direito das famílias*. 9 ed. rev., atual. e ampl. de acordo com: Lei 12.344/2010 (regime obrigatório de bens): Lei 12.398/2011 (direito de visitas dos avós). São Paulo: Revista dos Tribunais, 2013. p. 305.

Antes de 2010, portanto, o divórcio dependia de prévia separação judicial por mais de um ano ou de comprovação da separação de fato por mais de dois anos. Ou seja, mesmo quando consensual, a decretação do divórcio exigia a verificação jurisdicional para ser decretado, independentemente da substancial manifestação de vontade das partes. Com a Emenda Constitucional 66/2010, esses requisitos deixaram de existir e o divórcio passou a ter como requisito apenas a vontade dos cônjuges.

A melhor doutrina não tardou a afirmar que essa alteração constitucional tinha eficácia imediata e que não dependia de qualquer regulamentação infraconstitucional para se tornar aplicável.[3] Essa é a interpretação contemporânea das normas constitucionais[4] e não há, na atual jurisprudência do Supremo Tribunal Federal, qualquer fundamento que negue essa tese. Deste modo, o divórcio passava a ser direto, sem a mediação da separação judicial ou de fato. Um primeiro problema decorrente dessa questão, porém, é que a alteração da Constituição não exige a mudança das regras infraconstitucionais e, por conta disso, cabe aos intérpretes solucionar conflitos de regras positivadas pela legislação.[5] Foi disso que a doutrina e a jurisprudência se ocuparam, após a Emenda do Divórcio.

O primeiro tema que gerou ampla discussão doutrinária foi o possível fim da separação judicial. Polarizados, autores sustentavam, de um lado, a inconstitucionalidade ou a inutilidade da separação judicial[6] e, de outro, a permanência do instituto no ordenamento jurídico brasileiro.[7] A posição que prevalece, até o momento, é a de

---

3. LÔBO, Paulo. Divórcio: alteração constitucional e suas consequências. *IBDFAM*, 09 jul. 2010. Disponível em: https://ibdfam.org.br/artigos/629/novosite. Acesso em: 22 abr. 2022.
4. Ver, por exemplo, BARROSO, Luís Roberto. *Interpretação e aplicação da Constituição*. 7. ed. São Paulo: Saraiva, 2017; SILVA, Virgílio Afonso. *Direitos fundamentais*: conteúdo essencial, restrições e eficácia. 2. ed. São Paulo: Malheiros, 2017.
5. "Constata-se que houve apenas alteração no Texto Maior, sem qualquer modificação ou revogação de dispositivos do Código Civil ou de leis específicas, cabendo à doutrina e à jurisprudência apontar quais construções jurídicas ainda persistem, por estarem de acordo com a nova redação da Norma Fundamental. Portanto, a par dessa realidade, grandes são os desafios para a civilística nacional brasileira, o que pode ser percebido pelos anos iniciais de vigência da alteração." (TARTUCE, Flavio. *Direito civil*: direito de família. 15. ed. Rio de Janeiro: Forense, 2020. v. 5. p. 243).
6. Seguem alguns textos da época: VELOSO, Zeno. O novo divórcio e o que restou do passado. *IBDFAM*, 13 ago. 2010 https://ibdfam.org.br/artigos/661/O+Novo+Div%C3%B3rcio+e+o+Que+Restou+do+Passado. Acesso em: 22 abr. 2022; GAGLIANO, Pablo Stolze; PAMPLONA FILHO, Rodolfo. *Novo curso de direito civil*. 2. ed. São Paulo: Saraiva, 2012. v. 2; PEREIRA, Rodrigo da Cunha. *Divórcio*: teoria e prática. Rio de Janeiro: GZ, 2010; DIAS, Maria Berenice. *Manual de direito das famílias*. 8. ed. São Paulo: Revista dos Tribunais, 2011; MADALENO, Rolf. *Curso de direito de família*. 4. ed. Rio de Janeiro: Forense, 2011; FARIAS, Cristiano Chaves de; ROSENVALD, Nelson. *Curso de direito civil*: famílias. 4. ed. Salvador: JusPodivm, 2012.
7. DELGADO, Mário Luiz. A nova redação do § 6º do art. 226 da CF/1988: por que a separação de direito continua a vigorar no ordenamento jurídico brasileiro. In: COLTRO, Antonio Carlos Mathias; DELGADO, Mário Luiz (Coord.). *Separação, divórcio, partilha e inventários extrajudiciais*: questionamentos sobre a Lei 11.411/2007. 2. ed. São Paulo: Método, 2011; SANTOS, Luiz Felipe Brasil. Emenda do divórcio: cedo para comemorar. *IBDFAM*, 21 jul. 2010. Disponível em: https://ibdfam.org.br/artigos/648/Emenda+do+-Div%C3%B3rcio:+Cedo+para+Comemorar. Acesso em: 22 abr. 2022; SILVA, Regina Beatriz Tavares da. *A emenda constitucional do divórcio*. São Paulo: Saraiva, 2011; DINIZ, Maria Helena. *Manual de direito civil*. São Paulo: Saraiva, 2011.

que a Emenda Constitucional 66/2010 não revogou os artigos do Código Civil que tratam da separação judicial, em virtude de dois acórdãos do Superior Tribunal de Justiça.[8] O Supremo Tribunal Federal não tratou do tema, até o momento, de modo que ainda há espaço para futuras alterações nesse entendimento.

O presente texto não enfrentará a referida discussão. Com ou sem a separação judicial, o que será demonstrado é que a tese do divórcio como direito potestativo permite àqueles que querem se divorciar que o façam independentemente da manifestação do cônjuge. Os capítulos seguintes se ocuparão de demonstrar esse ponto.

Por ora, o que deve ser investigado é o desenrolar dos entendimentos a respeito do divórcio, propriamente dito. Tartuce destaca que a alteração do art. 226, § 6º, da CRFB/88, modificou as modalidades de divórcio.[9] Até então, eram reconhecidas duas hipóteses para tanto. A primeira, denominada de divórcio indireto ou por conversão, referia-se à hipótese em que o divórcio era precedido por uma separação judicial, extrajudicial ou por medida cautelar de separação de corpos. Se consensual, esse divórcio indireto podia ser realizado extrajudicialmente; se litigioso, o divórcio deveria ser judicial. A segunda hipótese era do divórcio direto, incidente quando havia separação de fato do casal por mais de dois anos, também podendo ser extrajudicial ou judicial.

Após a Emenda do Divórcio parece haver unanimidade no que diz respeito à extinção do divórcio indireto. Não há mais por que preservar essa classificação, uma vez que o divórcio independe de qualquer período de separação, judicial ou de

---

8. recurso especial. Direito civil. Família. Emenda constitucional 66/10. Divórcio direto. Separação judicial. Subsistência. 1. A separação é modalidade de extinção da sociedade conjugal, pondo fim aos deveres de coabitação e fidelidade, bem como ao regime de bens, podendo, todavia, ser revertida a qualquer momento pelos cônjuges (Código Civil, arts. 1571, III e 1.577). O divórcio, por outro lado, é forma de dissolução do vínculo conjugal e extingue o casamento, permitindo que os ex-cônjuges celebrem novo matrimônio (Código Civil, arts. 1571, IV e 1.580). São institutos diversos, com consequências e regramentos jurídicos distintos. 2. A Emenda Constitucional nº 66/2010 não revogou os artigos do Código Civil que tratam da separação judicial. 3. Recurso especial provido. (BRASIL. Superior Tribunal de Justiça. REsp 1247098/MS. Relator(a). Min. Maria Isabel Gallotti. Julgamento: 14/03/2017. Órgão Julgador: Quarta Turma. Publicação: DJe 16/05/2017); e agravo regimental em embargos de declaração em agravo em recurso especial. Impugnação deficiente. Inobservância do comando legal inserto nos arts. 932, iii, do CPC/2015, e 253, parágrafo único, i, do RISTJ. Pedido de abertura de prazo para correção do vício. Impossibilidade. Enunciado administrativo n. 6/STJ. 1. A decisão que inadmite o recurso especial na origem não é formada por capítulos autônomos, mas por um único dispositivo, razão pela qual deve ser impugnada na sua integralidade, ou seja, em todos os seus fundamentos (EAREsp n. 831.326/SP, rel. p/ acórdão Ministro Luís Felipe Salomão, Corte Especial, DJe 30/11/2018), inclusive de forma específica, suficiente e pormenorizada (AgRg no AREsp n. 1.234.909/SP, Ministro Reynaldo Soares da Fonseca, Quinta Turma, DJe 2/4/2018). 2. No caso, o agravante deixou de impugnar os fundamentos da decisão agravada, circunstância que obsta o conhecimento do agravo e, por consequência, do recurso especial que se objetivava destrancar. 3. Somente será concedido o prazo previsto no art. 932, parágrafo único, c/c o art. 1.029, § 3º, do CPC, para que a parte sane vício estritamente formal (extrínseco), pois é inviável a correção de vício de fundamentação verificado no recurso. 4. Agravo regimental improvido. (BRASIL. Superior Tribunal de Justiça. AgRg nos EDcl no AREsp 1431370/SP. Relator: Min. Sebastião Reis Júnior. Julgamento: 17 set. 2019. Órgão Julgador: Sexta Turma. Publicação: DJe 02 out. 2019).
9. TARTUCE, Flavio. *Direito civil*. direito de família. 15. ed. Rio de Janeiro: Forense, 2020. v. 5. p. 275-295.

fato. Esta alteração também foi incorporada pelo CPC/15, nos arts. 731 e 733, sendo excluída qualquer menção a requisitos prévios ao divórcio. Tem-se, por isso, apenas o divórcio direto ou, na ausência de outra classificação, divórcio.

A Emenda Constitucional 66/2010 não afetou, porém, o art. 1.581, do Código Civil. Trata-se de regra que permite a concessão do divórcio sem que haja prévia partilha de bens. Em verdade, como será demonstrado no Capítulo 2, a partilha é um instituto que surge por conta do divórcio e que com ele não se confunde. Outra regra relevante e que permanece hígida é a de que a ação de divórcio é personalíssima, pois seu pedido cabe somente aos cônjuges (art. 1.582, do Código Civil).

Outro tema que também foi objeto de reflexão após a Emenda do Divórcio foi o das regras atinentes ao divórcio extrajudicial. Mesmo antes da alteração constitucional, o CPC/73 permitia a realização de divórcios consensuais pela via extrajudicial. Reforçava a possibilidade dessa via a Resolução 35/2007, do Conselho Nacional de Justiça, que visava uniformizar o tratamento do instituto pelos Cartórios do país. O dispositivo do CPC/73 é equivalente ao art. 733, do CPC/15. Desse modo, a lei brasileira permite o divórcio consensual, por escritura pública, desde que o casal não tenha filhos incapazes ou nascituros.

Um último tema que veio à tona após a Emenda Constitucional 66/2010 foi o chamado divórcio unilateral ou impositivo. Explica Tartuce que, com a facilitação do divórcio sob o ponto de vista prático, a Corregedoria-Geral do Tribunal de Justiça do Estado de Pernambuco (Provimento 06/2019) editou norma administrativa que permitia o divórcio em Cartório de Registro Civil, ainda que não houvesse acordo entre os cônjuges. A medida foi reproduzida pela Corregedoria-Geral do Tribunal de Justiça do Maranhão. Em seguida, o CNJ decidiu suspender tais medidas administrativas, sob a justificativa central de que a medida deveria ser definida de forma nacional.[10]

Essas medidas, porém, partiam de duas teses desenvolvidas em paralelo: a de que, extintas as condições prévias ao divórcio, esse direito passou a ser potestativo; e a de que, por se tratar de direito potestativo, contra o qual o outro cônjuge nada

---

10. "Dê-se ciência desta decisão a todos os Tribunais de Justiça e Corregedorias estaduais, a fim de que se abstenham de editar atos normativos que regulamentem a averbação de divórcio por declaração unilateral de um dos cônjuges ou, na hipótese de já terem editado atos normativos de mesmo teor, procedam à sua imediata revogação, na forma da recomendação que neste ato expeço." (BRASIL. Conselho Nacional de Justiça. Pedido de Providências 0003491– 78.2019.2.00.0000. Relator: Min. Humberto Martins. Corregedoria Nacional de Justiça. Julgamento: 30/05/2019. Publicação: 31/05/2019. Disponível em: https://www.cnj.jus.br/pjecnj/ConsultaPublica/DetalheProcessoConsultaPublica/documentoSemLoginHTML.seam?ca=bdd91994aa68bb5ff87407864066623f03c0a7840554f94f35f1e20f8a9ea436073c08c38322ca6b-9d6b080be463048339b484d172d84d8e&idProcessoDoc=3651853. Acesso em: 19 abr. 2022, e BRASIL. Conselho Nacional de Justiça. Recomendação 36, de 30 de maio de 2019. Dispõe sobre a vedação aos Tribunais de Justiça dos estados e do Distrito Federal de regulamentarem a averbação de divórcio por declaração unilateral emanada de um dos cônjuges. Disponível em: https://atos.cnj.jus.br/atos/detalhar/2923. Acesso em: 22 abr. 2022.

pode opor, o divórcio poderia ser decretado liminarmente[11] pelo magistrado, em processos judiciais. A soma dessas duas teses pode ser sintetizada na afirmação de Maria Berenice Dias: "Quando um não quer, dois não ficam casados. É o que se chama de direito potestativo".[12] Como a possibilidade do divórcio unilateral ou impositivo foi suspensa pela via extrajudicial, os advogados optaram por buscar judicialmente o divórcio, já no recebimento da petição inicial.

Nessa linha, em 2012, o Tribunal de Justiça do Mato Grosso decidiu sobre pedido liminar de divórcio. Entendeu o referido Tribunal que o constituinde derivado, ao editar a Emenda Constitucional 66/2010, retirou o requisito da separação para aqueles que pretendem extinguir a relação matrimonial, eis que seria "plenamente possível a demandante pleitear o divórcio liminarmente, não se podendo indagar a respeito da culpa *stricto sensu*, pois independe de qualquer condição ou fato e também da vontade do outro cônjuge".[13]

Desde então, essa possibilidade passou a ser difundida pela doutrina e pela jurisprudência. A questão que remanescia, porém, dizia respeito à técnica processual adequada para a decretação do divórcio pela via liminar. O problema, em síntese, era o de que as liminares são, em regra, decisões provisórias e que não podem, nos termos do art. 273, § 2º, do CPC/73, serem irreversíveis. Ocorre que o divórcio, compreendido como direito potestativo e deferido em sede de liminar, é uma medida irreversível. A questão ganhou ainda mais complexidade com o advento do CPC/15, uma vez que o diploma reformou a estrutura dogmática das tutelas provisórias, mantendo a noção básica de que as liminares, via de regra, não podem ser irreversíveis (arts. 296 e 300, § 3º, CPC/15.)

Apesar de algumas decisões terem sido proferidas concedendo divórcios por liminares, o Superior Tribunal de Justiça, em 2020, decidiu pela impossibilidade de decretação liminar do divórcio por conta da necessidade de exercício do contraditório da parte adversa. A decisão monocrática referendou a decisão proferida pelo Tribunal de Justiça de Goiás, o qual entendeu pelo não cabimento do divórcio liminar como tutela provisória de urgência de natureza antecipada, pelo fato de que, conforme dispõe o art. 300, § 3º do CPC: "A tutela de urgência de natureza antecipada não será concedida quando houver perigo de irreversibilidade dos efeitos da decisão". Assim, o TJGO sustentou que uma vez decretado o divórcio, não há como as partes retornarem ao *status quo ante*, senão por meio de novo casamento (art. 33 da Lei do

---

11. A noção de "liminar" significa uma decisão sem a oitiva da parte contrária: "isto é, *in limine*, no início do processo, sem que se tenha citado a parte contrária – *inaudita altera parte*". (MARINONI, Luiz Guilherme; ARENHART, Sergio Cruz; MITIDIERO, Daniel. *Novo Código de Processo Civil comentado*. São Paulo: Revista dos Tribunais, 2015. p. 313).
12. DIAS, Maria Berenice. *Manual de direito das famílias*. 14. ed. Salvador: JusPodivm, 2021. p. 574.
13. MATO GROSSO. Tribunal de Justiça. AI 99447/2011. Relator(a): Clarice Claudino da Silva. Julgamento: 25/01/2012, unânime. Órgão Julgador: 2ª Câmara Cível. Publicação: DJE 09/02/2012.

Divórcio), o que evidencia a irreversibilidade da tutela de urgência, consistente na decretação do divórcio *initio litis*".[14]

A conclusão a que se chegou, naquele momento, foi a de que a lei processual impedia a decretação do divórcio liminar e que, sem alteração legal, nenhuma modalidade de divórcio que levasse em conta a manifestação de vontade de somente um dos cônjuges seria possível. Ocorre que, após a decisão do STJ[15], a jurisprudência enfrentou outros casos em que a decretação liminar do divórcio era pleiteada. A questão é que os casos que surgiram eram cada vez mais complexos, sob o ponto de vista fático e, por conta disso, decisões recentes voltaram a admitir a decretação do divórcio sem a participação da parte contrária. Nessa linha, em um caso em que o paradeiro do cônjuge a ser citado, em ação de divórcio, era desconhecido, o Tribunal de Justiça do Estado do Paraná entendeu pela possibilidade de decretação da medida.[16] O que chamou a atenção, no entanto, foi a técnica processual eleita pela Desembargadora que relatou o acórdão: ao invés da tutela provisória, entendeu a julgadora que a medida poderia ser deferida pela via do julgamento antecipado parcial do mérito. Pouco tempo depois, o mesmo Tribunal examinou situação semelhante, em decisão monocrática[17], na qual a separação de fato já estava comprovada por longo período, mas o réu ainda não havia sido citado. Neste caso, o relator afastou a hipótese de concessão do divórcio por tutela de evidência, mas entendeu que havia pressupostos da tutela de urgência para o deferimento da tutela pleiteada, uma vez que a parte autora tinha vínculo civil que a impedia de casar novamente. Este ponto (um casamento que configura óbice à plenitude da vida da parte) foi compreendido como perigo de dano e o direito potestativo ao divórcio como probabilidade do direito. Com isso, o mesmo TJPR concedeu, liminarmente, o divórcio por meio de tutela antecipada de urgência.

Ao perceber a divergência nas técnicas empregadas é que se definiu o problema a ser enfrentado nesta obra: o que impede a concessão do divórcio liminar é a ausência de técnica processual prevista em lei e de consenso entre os intérpretes acerca da medida adequada e correta para tanto. Não parece haver, teoricamente, um fundamento que contrarie a tese do direito potestativo ao divórcio. O que exis-

---

14. BRASIL. Superior Tribunal de Justiça. REsp 1.844.545/GO. Relator: Min. Antonio Carlos Ferreira. Publicação: 02 abr. 2020.
15. Os casos mencionados foram identificados por meio de pesquisa de jurisprudência de tribunais estaduais. No STJ, não foi encontrada nenhuma decisão mais recente do que a do REsp 1.844.545/GO, tendo sido empregados os seguintes termos de pesquisa: a) Divórcio liminar; b) divórcio unilateral; c) divórcio tutela; d) divórcio 'tutela da evidência'; e) divórcio "tutela de evidência"; f) divórcio antecipação; g) divórcio antecipado; h) divórcio impositivo; i) divórcio contraditório; j) divórcio + filtro de normas – Constituição, art. 226, §6º; k) divórcio súmula 735/STF.
16. A decisão será examinada com maior cautela, posteriormente. (PARANÁ. Tribunal de Justiça. 0041434-50.2020.8.16.0000 – Curitiba. Relator(a): Des. Rosana Amara Girardi Fachin. Julgamento: 24 set. 2020. Órgão Julgador: 12ª Câmara Cível).
17. PARANÁ. Tribunal de Justiça. Decisão monocrática. 0068786-80.2020.8.16.0000 – Curitiba. Relator(a): Des. Rogério Etzel. Julgamento: 19 nov. 2020. Órgão Julgador: 12ª Câmara Cível.

te, juridicamente, é uma construção do direito processual (com a qual os autores concordam, para as hipóteses em geral[18]) que impede que sejam proferidas decisões definitivas contra partes que não se manifestaram nos autos – e é aqui que a tese do divórcio liminar encontrou seus principais óbices. Tanto que o fundamento do STJ para negar a possibilidade do divórcio liminar é processual: a irreversibilidade da tutela de urgência e a necessidade de contraditório prévio para que uma decisão definitiva seja proferida.

Os casos posteriores à decisão do STJ, porém, demonstram que há situações em que essa decretação deve ocorrer. Ou melhor, a peculiaridade dos casos verificados mostra que o problema não é a impossibilidade de se decretar o divórcio de forma liminar, mas sim a incompatibilidade entre essa providência e a racionalidade do sistema processual, *a priori*.

É justamente nessa encruzilhada que se identifica a hipótese sustentada nesta obra. Como o direito processual deve buscar a tutela efetiva dos direitos materiais, a inexistência de regra explícita que permita a concessão liminar do divórcio deve ser superada de modo a permitir, para a hipótese específica do direito potestativo ao divórcio, sua decretação liminar. Evidentemente, para que essa hipótese produza seus efeitos sem prejudicar as partes ou terceiros, ela deve ser temperada com cuidados a serem tomados no âmbito material e processual. Nenhum deles, porém, impede a referida hipótese central da pesquisa.

A hipótese destacada no parágrafo anterior decorre de uma constatação que depende da devida compreensão de todo o desenvolvimento da doutrina e da jurisprudência após a Emenda Constitucional 66/2010. Seguindo a corrente que defende a permanência da separação judicial, o Código de Processo Civil de 2015, editado após a Emenda do Divórcio, reafirmou a separação judicial e a extrajudicial. Aliás, das dez oportunidades em que o CPC/15 se refere a divórcio[19], em nove a separação judicial é mencionada logo em seguida.[20] A única exceção, que confirma a "regra",

---

18. XAVIER, Marília Pedroso; PUGLIESE, William Soares. Decisões surpresa e inversão do ônus da prova. *Revista de Processo Comparado*, v. 2, p. 181-196, 2015.
19. Exclui-se desse cálculo, porém, a menção a divórcio consensual estrangeiro, do art. 961, § 5º, CPC.
20. Art. 23. Compete à autoridade judiciária brasileira, com exclusão de qualquer outra: [...]
    III – em divórcio, separação judicial ou dissolução de união estável, proceder à partilha de bens situados no Brasil, ainda que o titular seja de nacionalidade estrangeira ou tenha domicílio fora do território nacional.
    Art. 53. É competente o foro:
    I – para a ação de divórcio, separação, anulação de casamento e reconhecimento ou dissolução de união estável [...]
    Art. 189. Os atos processuais são públicos, todavia tramitam em segredo de justiça os processos: [...]
    II – que versem sobre casamento, separação de corpos, divórcio, separação, união estável, filiação, alimentos e guarda de crianças e adolescentes; [...]
    § 2º O terceiro que demonstrar interesse jurídico pode requerer ao juiz certidão do dispositivo da sentença, bem como de inventário e de partilha resultantes de divórcio ou separação.
    Art. 693. As normas deste Capítulo aplicam-se aos processos contenciosos de divórcio, separação, reconhecimento e extinção de união estável, guarda, visitação e filiação.

é o parágrafo único do art. 731[21] que, como faz referência à partilha de bens, aplica-se apenas ao divórcio. Qual é, então, o ponto de intersecção entre a Emenda do Divórcio, o tratamento do CPC ao divórcio e separação judicial e o problema desse instituto como direito potestativo? A questão é que a racionalidade do CPC, apesar de ter sido publicado em 2015, é anterior à Emenda Constitucional 66/2010. Isso, deixe-se claro, não é uma crítica aos autores do anteprojeto ou qualquer observação dessa natureza. A verdade é que os efeitos da Emenda do Divórcio ainda estavam em discussão pela doutrina do Direito Civil e não haveria condição real de incorporar integralmente as propostas doutrinárias do Direito de Família que não haviam sido confirmadas pela jurisprudência. Recorde-se, como afirmou-se acima, que o STF não se posicionou, sequer, sobre a (in)constitucionalidade da separação judicial. Seria exigir do legislador do Código de Processo Civil que tomasse decisões definitivas a respeito do Direito de Família e essa certamente não era a missão da comissão de juristas.

Ao se analisar as notas taquigráficas vinculadas aos Projetos de Lei 6.025/2005 e 8.046/2010, são poucas as menções ao divórcio e não há nenhuma que indique seu caráter potestativo.[22] Ao contrário, confirmando o que se suscitou acima, as discussões giravam em torno da possibilidade de divórcio direto, sem separação judicial, e da necessidade de incorporar tal realidade ao Código em elaboração. Na audiência pública de 26/10/2011[23], cujo tema era procedimentos especiais, o Dep. Bonifácio de Andrada reforçou a importância de um Capítulo para as ações de família.[24] O Prof. Fredie Didier Jr. também reforçou a importância de se criar procedimentos dessa

---

Art. 731. A homologação do divórcio ou da separação consensuais, observados os requisitos legais, poderá ser requerida em petição assinada por ambos os cônjuges, da qual constarão [...]
Art. 732. As disposições relativas ao processo de homologação judicial de divórcio ou de separação consensuais aplicam-se, no que couber, ao processo de homologação da extinção consensual de união estável.
Art. 733. O divórcio consensual, a separação consensual e a extinção consensual de união estável, não havendo nascituro ou filhos incapazes e observados os requisitos legais, poderão ser realizados por escritura pública, da qual constarão as disposições de que trata o art. 731.

21. Parágrafo único. Se os cônjuges não acordarem sobre a partilha dos bens, far-se-á esta depois de homologado o divórcio, na forma estabelecida nos arts. 647 a 658.
22. A consulta às notas taquigráficas pode ser realizada em CÂMARA DOS DEPUTADOS. *Notas taquigráficas*. Disponível em: https://www2.camara.leg.br/atividade-legislativa/comissoes/comissoes-temporarias/especiais/54a-legislatura/8046-10-codigo-de-processo-civil/documentos/controle-tramitacao-e-notas--taquigraficas. Acesso em: 22 abr. 2022.
23. CÂMARA DOS DEPUTADOS. Departamento de Taquigrafia, Revisão e Redação. Núcleo de Redação Final em Comissões. *Debate sobre o tema Procedimentos Especiais*: deliberações e requerimentos. Disponível em: https://www2.camara.leg.br/atividade-legislativa/comissoes/comissoes-temporarias/especiais/54a--legislatura/8046-10-codigo-de-processo-civil/documentos/controle-tramitacao-e-notas-taquigraficas/nt-26.10.11-cpc. Acesso em: 22 abr. 2022.
24. CÂMARA DOS DEPUTADOS. Departamento de Taquigrafia, Revisão e Redação. Núcleo de Redação Final em Comissões. *Debate sobre o tema Procedimentos Especiais*: deliberações e requerimentos. p. 28. Disponível em: https://www2.camara.leg.br/atividade-legislativa/comissoes/comissoes-temporarias/especiais/54a--legislatura/8046-10-codigo-de-processo-civil/documentos/controle-tramitacao-e-notas-taquigraficas/nt-26.10.11-cpc. Acesso em: 22 abr. 2022.

natureza, uma vez que, em 1973, sequer havia divórcio no Brasil.[25] Por fim, o Dep. Sergio Barradas Carneiro, autor da Emenda Constitucional 66/2010, manifestou-se no sentido de que a omissão da separação judicial é "vedativa"[26], o que em seguida foi contraposto pelo Dep. Hugo Leal na defesa da separação.[27] A discussão da separação judicial voltou à pauta da audiência pública de 22/11/2011, em manifestação do Dep. Sergio Barradas Carneiro, que mencionou as duas teses opostas e defendeu novamente o fim da separação.[28]

A audiência pública em que o direito de família foi mais discutido ocorreu em 29/11/2011[29], da qual participou como convidada a Profa. Regina Beatriz Tavares da Silva, na condição de Presidente da Comissão de Direito de Família do Instituto dos Advogados de São Paulo. A professora apresentou tese de que a separação judicial não foi excluída do ordenamento jurídico pela Emenda Constitucional 66/2010 e propôs alterações ao projeto de lei.[30] Em sua manifestação não se verifica qualquer apreciação do divórcio como direito potestativo. Depois dessa participação, as audiências pouco trataram do assunto.

No sentido de contribuir para o debate, menciona-se a opinião de Rodrigo da Cunha Pereira. Para o autor, a comissão do CPC/15 havia optado pela supressão da separação judicial. Dessa forma, não havia qualquer menção à figura da separa-

---

25. CÂMARA DOS DEPUTADOS. Departamento de Taquigrafia, Revisão e Redação. Núcleo de Redação Final em Comissões. *Debate sobre o tema Procedimentos Especiais*: deliberações e requerimentos. p. 35-36. Disponível em: https://www2.camara.leg.br/atividade-legislativa/comissoes/comissoes-temporarias/especiais/54a--legislatura/8046-10-codigo-de-processo-civil/documentos/controle-tramitacao-e-notas-taquigraficas/nt-26.10.11-cpc. Acesso em: 22 abr. 2022.
26. CÂMARA DOS DEPUTADOS. Departamento de Taquigrafia, Revisão e Redação. Núcleo de Redação Final em Comissões. *Debate sobre o tema Procedimentos Especiais*: deliberações e requerimentos. p. 50. Disponível em: https://www2.camara.leg.br/atividade-legislativa/comissoes/comissoes-temporarias/especiais/54a--legislatura/8046-10-codigo-de-processo-civil/documentos/controle-tramitacao-e-notas-taquigraficas/nt-26.10.11-cpc. Acesso em: 22 abr. 2022.
27. CÂMARA DOS DEPUTADOS. Departamento de Taquigrafia, Revisão e Redação. Núcleo de Redação Fnal em Comissões. *Debate sobre o tema Procedimentos Especiais*: deliberações e requerimentos. p. 52. Disponível em: https://www2.camara.leg.br/atividade-legislativa/comissoes/comissoes-temporarias/especiais/54a--legislatura/8046-10-codigo-de-processo-civil/documentos/controle-tramitacao-e-notas-taquigraficas/nt-26.10.11-cpc. Acesso em: 22 abr. 2022.
28. BRASIL. Câmara dos Deputados. Departamento de Taquigrafia, Revisão e Redação. Núcleo de Redação Final em Comissões. *Debate sobre projetos de lei de alteração do Código de Processo Civil*. p. 58-62. Disponível em: https://www2.camara.leg.br/atividade-legislativa/comissoes/comissoes-temporarias/especiais/54a--legislatura/8046-10-codigo-de-processo-civil/documentos/controle-tramitacao-e-notas-taquigraficas/nt-22.11.11-cpc. Acesso em: 22 abr. 2022.
29. BRASIL. Câmara dos Deputados. Departamento de Taquigrafia, Revisão e Redação. Núcleo de Redação Final em Comissões. *Parecer ao Projeto de Lei 6.025, de 2005, do Senado Federal, e apensados, que trata do Código de Processo Civil*. Disponível em: https://www2.camara.leg.br/atividade-legislativa/comissoes/comissoes-temporarias/especiais/54a-legislatura/8046-10-codigo-de-processo-civil/documentos/controle-tramitacao-e-notas-taquigraficas/nt-29.11.11-cpc. Acesso em: 22 abr. 2022.
30. BRASIL. Câmara dos Deputados. Departamento de Taquigrafia, Revisão e Redação. Núcleo de Redação Final em Comissões. *Parecer ao Projeto de Lei 6.025, de 2005, do Senado Federal, e apensados, que trata do Código de Processo Civil*. p. 2-10. Disponível em: https://www2.camara.leg.br/atividade-legislativa/comissoes/comissoes-temporarias/especiais/54a-legislatura/8046-10-codigo-de-processo-civil/documentos/controle-tramitacao-e-notas-taquigraficas/nt-29.11.11-cpc. Acesso em: 22 abr. 2022.

ção judicial, mas somente ao divórcio e dissolução de união estável durante toda a tramitação no Congresso Nacional, pelo texto aprovado do Senado Federal (PLS 166/2010) e no relatório preliminar da Câmara dos Deputados (PL 8.046/2010). Porém, "na tramitação final da Câmara dos Deputados, manobras das forças mais conservadoras 'ressuscitaram' o anacrônico instituto da separação judicial".[31]

Retoma-se, portanto, a ideia suscitada: a racionalidade do CPC/15 não é consonante com a Emenda do Divórcio. A única alteração que foi efetivamente recepcionada é o fim do divórcio indireto – a alteração que está mais pacificada. Para além dela, nada mais foi recepcionado pelo CPC/15 e a opção de tratar o divórcio seguido pela separação em todas as oportunidades é a maior prova disso. Tudo isso para dizer que a ideia do divórcio como direito potestativo sequer foi tangenciada na discussão do Código de Processo Civil. Cabe, portanto, à doutrina desenvolver uma técnica processual adequada para permitir a efetiva tutela do direito material[32] ao divórcio que, nos termos da Emenda Constitucional 66/2010, é um direito potestativo.

Antes de prosseguir, deve-se superar óbice que poderia encerrar a discussão e afastar a existência de um problema a ser resolvido. O próximo item afasta a ideia de que a decisão do STJ, proferida no REsp 1.844.545/GO, é um precedente vinculante.

1.2 A DECISÃO DO STJ CONTRA O DIVÓRCIO LIMINAR É UM PRECEDENTE VINCULANTE?

Se a decisão do STJ que não admitiu o divórcio liminar for um precedente vinculante, a tarefa empreendida por esta obra torna-se muito mais complexa. Mais do que sustentar o cabimento da medida, seria necessário apresentar argumentos suficientes para reformar o entendimento da Corte. Tem-se, de todo modo, que a referida decisão não é um precedente vinculante ou obrigatório. Para afastar eventuais argumentos de impertinência da tese em face da jurisprudência, tecem-se os argumentos a seguir.

Sob o ponto de vista teórico, o conceito de precedente é o de uma decisão anterior que serve como modelo para decisões posteriores.[33] Para explicar esse conceito, MacCormick e Summers afirmam que o precedente é o Direito observando a si mesmo, sob dois aspectos. O primeiro é o de que um precedente é um registro de uma ou várias decisões, de um mesmo sistema jurídico, que resolveram um problema idêntico ou ao menos semelhante. O segundo aspecto tem um sentido de conformidade ainda maior: o julgador pode utilizar o precedente como um padrão para uma nova decisão, sob o fundamento de que esse entendimento anterior é o correto ou

---
31. PEREIRA, Rodrigo da Cunha. *Direito das famílias*. Rio de Janeiro: Grupo GEN, 2021. p. 251.
32. Seguindo a linha de MARINONI, Luiz Guilherme. *Técnica processual e tutela dos direitos*. 7. ed. São Paulo: Revista dos Tribunais, 2020.
33. MacCORMICK, Neil; SUMMERS, Robert. Introduction. In: MacCORMICK, Neil; SUMMERS, Robert (Eds.). *Interpreting Precedents*: a comparative study. Dartmouth: Ashgate, 1997. p. 1.

é obrigatório. Vale dizer, ainda, que o precedente confere materialidade ao direito positivo, permitindo maior concretude ao se interpretar regras[34] e princípios.[35]

Aproximando-se da questão em tela, Luiz Guilherme Marinoni afirma que precedente não é sinônimo de decisão judicial.[36] Para o autor, só há sentido falar em precedentes quando se observa que uma decisão é dotada de determinadas características, "basicamente a potencialidade de se firmar como paradigma para a orientação dos jurisdicionados e dos magistrados".[37] Sem esta pretensão de universalidade, tem-se mera decisão judicial. Mas apenas isso não basta: para se ter um verdadeiro precedente "é preciso que a decisão enfrente todos os principais argumentos relacionados à questão de direito posta na moldura do caso concreto"[38], conferindo materialidade ao direito legislado.

Deste modo, a primeira razão pela qual se pode afirmar que a decisão proferida no REsp 1.844.545/GO não é um precedente é a de que ela não preenche os requisitos essenciais que formam um precedente. Apesar de ser uma decisão que respondeu, pontualmente, ao requerimento da parte, ela não tem o condão de servir como paradigma para a orientação do sistema jurídico, uma vez que lhe falta o enfrentamento de todos os argumentos relacionados à questão de direito. Em verdade, a decisão examinou o tema sob um único prisma, qual seja, o do direito processual civil. Pela leitura das razões de decidir, percebe-se que o caráter potestativo do divórcio, a Emenda Constitucional 66/2010 e os demais aspectos do direito material não foram considerados.

Sob o ponto de vista do direito objetivo, a decisão também não pode ser considerada um precedente. É que, nos termos do Código de Processo Civil, são precedentes obrigatórios aquelas espécies de decisões previstas no art. 927.[39] A decisão em análise não foi proferida pelo Supremo Tribunal Federal em controle concentrado de constitucionalidade, não integra enunciado de súmula (vinculante ou não) e, o ponto mais importante, não foi firmada em acórdão. A decisão é monocrática. Isto, por si só, afasta seu caráter como precedente, já que as hipóteses do art. 927 valorizam a

---

34. PUGLIESE, William S. *Precedentes e a civil law brasileira*. São Paulo: Revista dos Tribunais, 2016. p. 84-87. Ver, também, SCHAUER, Frederick. *Thinking like a lawyer*: a new introduction to legal reasoning. Cambridge: Harvard University Press, 2009. p. 52.
35. PUGLIESE, William S. *Princípios da jurisprudência*. Belo Horizonte: Arraes, 2017. p. 15-21.
36. MARINONI, Luiz Guilherme. *Precedentes obrigatórios*. São Paulo: Revista dos Tribunais, 2010. p. 215.
37. MARINONI, Luiz Guilherme. *Precedentes obrigatórios*. São Paulo: Revista dos Tribunais, 2010. p. 215.
38. MARINONI, Luiz Guilherme. *Precedentes obrigatórios*. São Paulo: Revista dos Tribunais, 2010. p. 216.
39. Art. 927. Os juízes e os tribunais observarão:
    I – as decisões do Supremo Tribunal Federal em controle concentrado de constitucionalidade;
    II – os enunciados de súmula vinculante;
    III – os acórdãos em incidente de assunção de competência ou de resolução de demandas repetitivas e em julgamento de recursos extraordinário e especial repetitivos;
    IV – os enunciados das súmulas do Supremo Tribunal Federal em matéria constitucional e do Superior Tribunal de Justiça em matéria infraconstitucional;
    V – a orientação do plenário ou do órgão especial aos quais estiverem vinculados.

colegialidade[40] e exigem, como condição para a configuração de um precedente, que a decisão tenha sido firmada por órgão colegiado. Veja-se que o inc. III se refere aos "acórdãos em incidente de assunção de competência ou de resolução de demandas repetitivas e em julgamento de recursos extraordinário e especial repetitivos", o inciso V menciona "a orientação do plenário ou do órgão especial aos quais estiverem vinculados". Os demais incisos também demandam a colegialidade: a decisão em controle concentrado de constitucionalidade é, obrigatoriamente, proferida pelo plenário do STF; a edição de súmula vinculante depende de dois terços do mesmo STF (art. 103-A, CRFB/88); os enunciados de súmulas também exigem voto em órgão colegiado, nos termos dos regimentos internos.

Por fim, a decisão monocrática do REsp 1.844.545/GO não foi reiterada pelo STJ. Apesar de sua relevância e do impacto que teve na discussão a respeito do tema, não se encontra outra decisão do STJ reiterando o entendimento ou indicando-a como precedente.

Há, portanto, espaço para examinar criticamente o entendimento do Min. Antonio Carlos Ferreira. O STJ deverá fazê-lo, e do mesmo modo a doutrina e os demais tribunais devem levar a decisão em consideração, mas não se limitar a ela. O caso é de um precedente em formação e, embora a tese da vedação das decisões surpresa seja relevante, sob o ponto de vista do direito processual, a técnica processual não pode restringir a tutela do direito material.

Em arremate, conclui-se que, embora tenha argumentos relevantes e ocupe papel central na discussão sobre o tema, a decisão monocrática do Min. Antonio Carlos Ferreira não é um precedente. Por esta razão, o tema do divórcio liminar ainda não pode ser considerado pacificado. Diante deste cenário, cabe à advocacia renovar os pedidos de divórcio liminar e à jurisprudência considerar os argumentos suscitados, abrindo o necessário espaço para que a manifestação de vontade do cônjuge que não deseja permanecer casado seja apreciada de imediato.

O primeiro passo para o desenvolvimento dessa tese deve ser dado a partir do direito material. Por isso, o capítulo seguinte examina os institutos do casamento, do divórcio e visa compreender a razão pela qual afirma-se que o divórcio é um direito potestativo. Somente após a devida compreensão do direito material é que será possível analisar as técnicas processuais sugeridas pela doutrina para viabilizar a decretação liminar do divórcio e construir uma solução própria para esse problema.

---

40. KOZIKOSKI, Sandro M.; PUGLIESE, William S. Uniformidade da Jurisprudência, divergência e vinculação do colegiado. In: MARANHÃO, Clayton; BARBUGIANI, Luiz Henrique Sormani; RIBAS, Rogério; KOZIKOSKI, Sandro (Org.). *Ampliação da colegialidade*: técnica de julgamento do art. 942 do CPC. Belo Horizonte: Arraes, 2017. p. 21-36.

2
A CONSTRUÇÃO DO DIVÓRCIO COMO DIREITO POTESTATIVO

Este capítulo tem a intenção de estabelecer as premissas de direito material necessárias para a defesa do deferimento do divórcio liminar. Embora o tema central seja o divórcio, não há como prescindir da exata compreensão do casamento e de suas consequências jurídicas. Afinal, só faz sentido falar em divórcio se houver um casamento para ser dissolvido.

Essa trajetória será iniciada pelo exame de aspectos de natureza analítica, mais precisamente a conceituação dos institutos do casamento e do divórcio e, em seguida, os efeitos jurídicos decorrentes de ambos (direitos, deveres, ônus e obrigações, nos planos pessoal e patrimonial). Como se verá adiante, lamentavelmente, alguns pedidos de divórcio liminar foram negados em razão justamente dos efeitos que seriam imediatamente produzidos para as partes. Assim, é fundamental uma compreensão adequada da eficácia constitutiva negativa de um divórcio e de como isso não impede o referido pedido.

Na sequência, desenvolve-se uma premissa basilar para o divórcio liminar: a de que o direito ao divórcio é um direito potestativo. Por fim, serão consolidadas as posições doutrinárias e jurisprudenciais sobre a decretação liminar do divórcio, conjugando tal análise com as ideias previamente expostas acerca do divórcio como direito potestativo.

2.1 CONCEITOS DE CASAMENTO E DIVÓRCIO

Esta obra parte da premissa de que existe uma diferença entre conceitos e concepções. A distinção proposta por Dworkin[1] procura estabelecer um limite entre um conceito, que possui um nível de abstração que permite a concordância entre os interlocutores, e concepções, que variam de acordo com as interpretações de cada um. Um dos mais relevantes comentadores da obra de Dworkin esclarece essa diferença: "as pessoas podem ter concepções diferentes de algumas coisas e podem discutir umas com as outras, e muitas vezes discutem, sobre qual concepção é melhor".[2] O conceito, porém, pode ser equiparado ao fato bruto, na medida em que procura apenas identificar as características de um determinado instituto jurídico.

---

1. DWORKIN, Ronald. *Law's Empire*. Cambridge: Harvard University Press, 1986. passim.
2. GUEST, Stephen. *Ronald Dworkin*. São Paulo: Elsevier, 2010. p. 39.

A afirmação acima é indispensável para se trabalhar as noções de casamento e divórcio. A dificuldade dessa empreitada está, justamente, no ponto em que se constata que não existe uma definição clara, nem na Constituição, nem no Código Civil, para o casamento. Essa lacuna não é novidade, uma vez que o Código Civil de 1916 também fez opção semelhante, como já observavam José Lamartine Corrêa de Oliveira e Francisco Muniz.[3] A ausência de um conceito oferecido pela legislação acaba por reunir, na mesma discussão, propostas de conceito de casamento e de sua natureza jurídica.[4]

A dificuldade de se conceituar casamento e diferenciá-lo de sua natureza jurídica parece residir no fato de que este instituto é anterior ao direito[5] e muito influenciado por concepções religiosas que lhe deram forma por séculos. Como bem observava Pontes de Miranda, "o matrimônio não é só relação jurídica, mas – e antes de tudo – relação moral".[6] Mais do que isso, prossegue o autor, o direito "apenas dá normas à expressão anterior do casamento".[7] Logo em seguida, como se buscasse lançar luz sobre os pontos que considerava relevantes, o autor concentra seus esforços em tratar dos efeitos jurídicos do casamento:

---

3. OLIVEIRA, José Lamartine Corrêa de; MUNIZ, Francisco José Ferreira. *Curso de direito de família*. 4. ed. Curitiba: Juruá, 2001. p. 123-132.
4. Há literatura farta a respeito da natureza jurídica do casamento. Dentre as posições mais comuns, têm-se as teses de que o casamento é contrato, contrato especial, instituição ou que tem natureza híbrida. Essa investigação não será objeto desta obra, uma vez que a proposta aqui desenvolvida está ligada ao conceito e aos efeitos do casamento. De todo modo, a respeito do tema da natureza jurídica do casamento, indicam-se as seguintes referências bibliográficas: LEITE, Eduardo de Oliveira. *Direito civil aplicado*: direito de família. São Paulo: Revista dos Tribunais, 2005. v. 5. p. 47-53; FIÚZA, César. *Direito civil*: curso completo. 12. ed. Belo Horizonte: Del Rey, 2008. p. 939; VENOSA, Sílvio de Salvo. *Direito civil*: direito de família. 8. ed. São Paulo: Atlas, 2008. v. 6. p. 25-26; TEIXEIRA, Ana Carolina Brochado; RIBEIRO, Gustavo Pereira Leite (Coords.). *Manual de direitos das famílias e das sucessões*. Belo Horizonte: Del Rey, 2008. p. 62-65; GONÇALVES, Carlos Roberto. *Direito civil brasileiro*: direito de família. 18. ed. São Paulo: Saraiva, 2021. v. 6; FACHIN, Luiz Edson. *Direito de família*: elementos críticos à luz do novo Código Civil brasileiro. 2. ed. Rio de Janeiro: Renovar, 2003. p. 131-136; AZEVEDO, Álvaro Villaça. *Estatuto da família de fato*. 2. ed. São Paulo: Atlas, 2002. p. 55-57; MONTEIRO, Washington de Barros. *Curso de direito civil*: direito de família. 29. ed. São Paulo: Saraiva, 1992. v. 2. p. 11-12; PEREIRA, Caio Mário da Silva. *Instituição de direito civil*: direito de família. 11. ed. rev. e atual. Rio de Janeiro: Forense, 1999. v. 5. p. 34-37; RODRIGUES, Silvio. *Direito civil*: direito de família. 24. ed. São Paulo: Saraiva, 1999. v. 6. p. 17-21; BITTAR, Carlos Alberto. *Direito de família*. 2. ed. rev. e atual. Rio de Janeiro: Forense Universitária, 1993. p. 67-69; DIAS, Maria Berenice. *Manual de direito das famílias*. 3. ed. rev., atual. e ampl. São Paulo: Revista dos Tribunais, 2006. p. 130-131; CAMPOS, Diogo Leite de. *Lições de direito da família e das sucessões*. 2. ed. rev. e atual. Coimbra: Almedina, 1997. p. 181-190; BEVILÁQUA, Clóvis. *Direito da família*. 8. ed. Rio de Janeiro: Livraria Freitas Bastos, 1956. p. 33-35; GOMES, Orlando. *Direito de família*. 14. ed. rev. e atual. Rio de Janeiro: Forense, 2002. p. 56-61.
5. Sobre a consolidação da família como disciplina jurídica, cf. MORAES, Bernardo Bissoto Queiroz de. A formação da ideia de um "direito de família". In: SILVA, Regina Beatriz Tavares da; BASET, Ursula Cristina (Coord.). *Família e pessoa*: uma questão de princípio. São Paulo: YK, 2018. p. 197-232.
6. PONTES DE MIRANDA, Francisco Cavalcanti. *Tratado de direito privado*. Atualizado por Rosa Maria Barreto Borriello de Andrade Nery. São Paulo: Revista dos Tribunais, 2012. Tomo 8. p. 169.
7. PONTES DE MIRANDA, Francisco Cavalcanti. *Tratado de direito privado*. Atualizado por Rosa Maria Barreto Borriello de Andrade Nery. São Paulo: Revista dos Tribunais, 2012. Tomo 8. p. 169.

Daí os seus múltiplos efeitos: uns grafados, por sua importância, como deveres e direitos decorrentes do ato do matrimônio; outros, de menor alcance, que entram na dedução dos assuntos à medida que se faz sentir a sua influência, e outros, enfim, de caráter moral, que são corolários imediatos da afeição recíproca. Só o estudo dos primeiros compete à técnica do direito.[8]

Nesta senda, como instituto que é anterior ao direito e que contempla, também, uma relação moral, pode-se entender o casamento como uma relação entre duas pessoas na qual decidem constituir plena comunhão de vida.[9] Passando para elementos jurídicos essenciais, registra-se que o direito brasileiro exige a observância de um rito formal para o casamento ter validade (art. 1.514, CC). Assim, e novamente sem ingressar na discussão de sua natureza jurídica, pode-se acrescer que o casamento depende de ato formal de manifestação de vontade que confirma a comunhão plena de vida.

Preservando o objetivo de oferecer conceitos, não concepções, uma vez definido o casamento é possível estabelecer o sentido de divórcio. Seguindo a lógica do art. 1.571, do Código Civil, o divórcio é a única via pela qual se pode dissolver completamente o casamento válido de cônjuges vivos. Ou seja, não sendo o caso de morte de um dos cônjuges, de nulidade ou de anulação do casamento, este só se dissolve pelo instituto do divórcio.[10]

Em conclusão deste tópico, reitera-se a afirmação de que o objetivo dos conceitos aqui apresentados não é enfrentar complexas discussões teóricas a respeito dos institutos. É, tão somente, atribuir sentido às expressões casamento e divórcio.

2.2 EFEITOS DECORRENTES DO CASAMENTO E DO DIVÓRCIO

O objetivo deste tópico é compreender o conjunto de efeitos produzidos pelo divórcio. Para tanto, é necessário identificar, primeiro, as consequências jurídicas produzidas pelo casamento válido. A questão proposta é absolutamente essencial para que se possa analisar, adiante, a necessidade, ou não, de participação do cônjuge no processo de divórcio.

O art. 1.511, do Código Civil, afirma que o casamento estabelece comunhão plena de vida, fundada na igualdade de direitos e deveres entre os cônjuges. Essa comunhão é protegida juridicamente pelo art. 1.513, do Código Civil, na medida em que é defeso a qualquer pessoa, pública ou privada, interferir nessa comunhão de vida designada como família.

---

8. PONTES DE MIRANDA, Francisco Cavalcanti. *Tratado de direito privado*. Atualizado por Rosa Maria Barreto Borriello de Andrade Nery. São Paulo: Revista dos Tribunais, 2012. Tomo 8. p. 169.
9. Contribuiu, para essa breve definição, a consulta ao Código Civil português: art. 1.577 "Casamento é o contrato celebrado entre duas pessoas de sexo diferente que pretendem constituir família mediante uma plena comunhão de vida, nos termos e disposições desse Código".
10. A definição de divórcio, nesta ótica, independe do enfrentamento da discussão a respeito da separação judicial.

Pelo casamento, os cônjuges assumem mutuamente a condição de consortes, companheiros e responsáveis pelos encargos da família. Este efeito é estabelecido pelo art. 1.565, do Código Civil. O § 2º, deste mesmo artigo, garante o livre planejamento familiar, reforçando a autonomia dos casados em relação a terceiros.

O casamento também gera deveres para os cônjuges. De acordo com o art. 1.566, do Código Civil, ambos têm os deveres de fidelidade recíproca, de vida em comum no domicílio conjugal, mútua assistência, sustento, guarda e educação dos filhos, respeito e consideração mútuos. É bem verdade que esses deveres têm sido entendidos, contemporaneamente, como facultativos. Com base no princípio da autonomia privada, os próprios cônjuges poderiam afastar aqueles que não concordam. O art. 1.567, do Código Civil, acresce que a direção da sociedade conjugal será exercida, em colaboração, por ambos os cônjuges, sempre no interesse do casal e dos filhos. Na esteira da colaboração, o Código também preceitua que os cônjuges são obrigados a concorrer, na proporção de seus bens e dos rendimentos do trabalho, para o sustento da família e a educação dos filhos, qualquer que seja o regime patrimonial (art. 1.568, do Código Civil).

O casamento também gera efeitos específicos em relação aos filhos. Tanto é assim que há presunção dos concebidos na constância do casamento, desde que respeitadas as hipóteses do art. 1.597, do Código Civil.[11]

No âmbito patrimonial, os cônjuges devem optar por um dos regimes de bens previstos no Código ou formular outro em pacto antenupcial (art. 1.639, do Código Civil). Na ausência de pacto, ou sendo ele nulo ou ineficaz, o regime será o da comunhão parcial (art. 1.640, do Código Civil). Ainda, há situações nas quais o regime de separação total é obrigatório (art. 1.641, do Código Civil).

Independentemente do regime de bens, podem os cônjuges comprar as coisas necessárias à economia doméstica e obter, por empréstimo, as quantias que a aquisição dessas coisas possa exigir (art. 1.643, do Código Civil). As dívidas contraídas para os fins dessas hipóteses obrigam solidariamente ambos os cônjuges – ou seja, o casamento é fonte de obrigações solidárias entre os cônjuges.

Quando um dos cônjuges não puder exercer a administração dos bens que lhe incumbe, segundo o regime de bens, caberá ao outro gerir os bens comuns e os do consorte, alienar os bens móveis comuns e alienar os imóveis comuns e os móveis ou imóveis do consorte, mediante autorização judicial (art. 1.651, do Código Civil). O cônjuge, que estiver na posse dos bens particulares do outro, será para com este e seus herdeiros responsável como usufrutuário, se o rendimento for comum, como

---

11. Registre-se, como exceção, a hipótese do art. 1.598. Salvo prova em contrário, se, antes de decorrido o prazo previsto no inciso II do art. 1.523, a mulher contrair novas núpcias e lhe nascer algum filho, este se presume do primeiro marido, se nascido dentro dos trezentos dias a contar da data do falecimento deste e, do segundo, se o nascimento ocorrer após esse período e já decorrido o prazo a que se refere o inciso I do art. 1597.

procurador, se tiver mandato expresso ou tácito para os administrar, ou como depositário, se não for usufrutuário, nem administrador (art. 1652, do Código Civil).

O casamento também gera impedimentos em relação ao patrimônio, em alguns casos. Nos termos do art. 1.647, do Código Civil, nenhum dos cônjuges pode, sem autorização do outro (ou por outorga judicial conferida nos termos do art. 1.648, do Código Civil), exceto no regime da separação absoluta, alienar ou gravar de ônus real os bens imóveis, pleitear, como autor ou réu, acerca desses bens ou direitos, prestar fiança ou aval nem fazer doação, não sendo remuneratória, de bens comuns, ou dos que possam integrar futura meação.

Os cônjuges também têm direitos e deveres em relação à administração dos bens dos filhos menores. Nos termos do art. 1.689, do Código Civil, os pais de filhos menores são usufrutuários dos bens dos filhos e têm a administração dos bens dos filhos menores sob sua autoridade. Ainda, compete aos pais e, na falta de um deles, ao outro, com exclusividade, representar os filhos menores de dezesseis anos, bem como assisti-los até completarem a maioridade ou serem emancipados (art. 1.690, do Código Civil). Não podem os pais alienar, ou gravar de ônus real os imóveis dos filhos, nem contrair, em nome deles, obrigações que ultrapassem os limites da simples administração, salvo por necessidade ou evidente interesse da prole, mediante prévia autorização do juiz (art. 1.691, do Código Civil).

Os efeitos acima destacados são cabíveis para todos os casamentos em geral. Os próximos parágrafos examinarão as consequências que decorrem a partir do regime de bens escolhido.

Adotado o regime de comunhão parcial, a partir do momento em que se celebra o casamento entram na comunhão os bens adquiridos na constância do casamento por título oneroso, ainda que só em nome de um dos cônjuges; os bens adquiridos por fato eventual, com ou sem o concurso de trabalho ou despesa anterior; os bens adquiridos por doação, herança ou legado, em favor de ambos os cônjuges; as benfeitorias em bens particulares de cada cônjuge; os frutos dos bens comuns, ou dos particulares de cada cônjuge, percebidos na constância do casamento, ou pendentes ao tempo de cessar a comunhão (art. 1.660, do Código Civil). Igualmente, presumem-se adquiridos na constância do casamento os bens móveis, quando não se provar que o foram em data anterior (art. 1.662, do Código Civil). Os cônjuges têm o dever de administrar o patrimônio comum, nos termos do art. 1.663, do Código Civil. Para além disso, as dívidas contraídas no exercício da administração obrigam os bens comuns e particulares do cônjuge que os administra, e os do outro na razão do proveito que houver auferido (art. 1.663, § 1º, do Código Civil). Ainda no que diz respeito aos bens comuns, a anuência de ambos os cônjuges é necessária para os atos, a título gratuito, que impliquem cessão do uso ou gozo dos bens comuns (art. 1.663, § 2º, do Código Civil) e, em caso de malversação dos bens, o juiz poderá atribuir a administração a apenas um dos cônjuges (art. 1.663, § 3º, do Código Civil). O patrimônio do casal, decorrente da comunhão, responde pelas obrigações contraídas pelo marido ou pela mulher para atender aos encargos da família, às despesas de administração e às decorrentes de imposição legal (art. 1.664, do Código Civil).

O regime da comunhão universal de bens gera a comunicação de todos os bens presentes e futuros dos cônjuges e suas dívidas passivas (art. 1.667, do Código Civil). O regime de administração dos bens é idêntico ao da comunhão parcial (art. 1.670, do Código Civil). Apenas os bens descritos no art. 1.668, do Código Civil, excluem-se da comunhão universal.

No regime de participação final nos aquestos, cada cônjuge possui patrimônio próprio e lhe cabe, à época da dissolução da sociedade conjugal, direito à metade dos bens adquiridos pelo casal, a título oneroso, na constância do casamento (art. 1.672, do Código Civil). Os bens anteriores ao casamento e os adquiridos por patrimônio próprio pertencem a cada cônjuge, que deve administrá-los exclusivamente, podendo também aliená-los livremente (art. 1.673, do Código Civil). Os bens adquiridos na constância do casamento, excluída a sub-rogação, os que sobrevierem por sucessão ou liberalidade e as dívidas relativas a esses bens, são partilháveis. A partir disso, o Código Civil estabelece dois regimes distintos para os bens particulares e os partilháveis (art. 1.675 a 1.686, do Código Civil).

Por fim, no regime de separação de bens, cada cônjuge permanece com a administração exclusiva dos bens, podendo livremente aliená-los e gravá-los de ônus real (art. 1.688, do Código Civil). Ambos os cônjuges são obrigados a contribuir para as despesas do casal na proporção dos rendimentos de seu trabalho e de seus bens, salvo estipulação em contrário no pacto antenupcial (art. 1.687, do Código Civil).

Diante de toda essa análise, faz-se necessário registrar, de maneira mais organizada, a relação não exaustiva de efeitos do casamento aqui identificados.

	EFEITOS GERAIS	
Efeitos Pessoais Gerais	Cônjuges assumem mutuamente a condição de consortes, companheiros e responsáveis pelos encargos da família.	
	Garantia de livre planejamento familiar.	
	Fidelidade recíproca.	
	Vida em comum no domicílio conjugal.	
	Mútua assistência.	
	Sustento.	
	Guarda e educação dos filhos.	
	Respeito e consideração mútuos.	
	Direção da sociedade conjugal exercida em colaboração, pelo marido e pela mulher, sempre no interesse do casal e dos filhos.	
	Concorrer, na proporção de seus bens e dos rendimentos do trabalho, para o sustento da família e a educação dos filhos, qualquer que seja o regime patrimonial.	
Efeitos Pessoais de Filiação	Presunção de filiação dos filhos nascidos na constância do casamento.	

Efeitos Patrimoniais Gerais	Podem os cônjuges comprar as coisas necessárias à economia doméstica e obter, por empréstimo, as quantias que a aquisição dessas coisas possa exigir.
	As dívidas contraídas para os fins dessas hipóteses obrigam solidariamente ambos os cônjuges.
	Quando um dos cônjuges não puder exercer a administração dos bens que lhe incumbe, segundo o regime de bens, caberá ao outro gerir os bens comuns e os do consorte, alienar os bens móveis comuns e alienar os imóveis comuns e os móveis ou imóveis do consorte, mediante autorização judicial.
	O cônjuge, que estiver na posse dos bens particulares do outro, será para com este e seus herdeiros responsável como usufrutuário, se o rendimento for comum, como procurador, se tiver mandato expresso ou tácito para os administrar, ou como depositário, se não for usufrutuário, nem administrador.
Efeitos Impeditivos em Relação ao Patrimônio	Nenhum dos cônjuges pode, sem autorização do outro (ou por outorga judicial conferida nos termos do art. 1.648), exceto no regime da separação absoluta, alienar ou gravar de ônus real os bens imóveis, pleitear, como autor ou réu, acerca desses bens ou direitos, prestar fiança ou aval nem fazer doação, não sendo remuneratória, de bens comuns, ou dos que possam integrar futura meação.
Efeitos sobre o Patrimônio dos Filhos Menores	Os pais de filhos menores são usufrutuários dos bens dos filhos e têm a administração dos bens dos filhos menores sob sua autoridade.
	Compete aos pais e, na falta de um deles ao outro, com exclusividade, representar os filhos menores de dezesseis anos, bem como assisti-los até completarem a maioridade ou serem emancipados.
	Não podem os pais alienar, ou gravar de ônus real os imóveis dos filhos, nem contrair, em nome deles, obrigações que ultrapassem os limites da simples administração, salvo por necessidade ou evidente interesse da prole, mediante prévia autorização do juiz.
EFEITOS ESPECÍFICOS DOS REGIMES DE BENS	
Comunhão Parcial	Entram na comunhão os bens adquiridos na constância do casamento por título oneroso, ainda que só em nome de um dos cônjuges; os bens adquiridos por fato eventual, com ou sem o concurso de trabalho ou despesa anterior; os bens adquiridos por doação, herança ou legado, em favor de ambos os cônjuges; as benfeitorias em bens particulares de cada cônjuge; os frutos dos bens comuns, ou dos particulares de cada cônjuge, percebidos na constância do casamento, ou pendentes ao tempo de cessar a comunhão.
	Presumem-se adquiridos na constância do casamento os bens móveis, quando não se provar que o foram em data anterior.
	Os cônjuges têm o dever de administrar o patrimônio comum.
	As dívidas contraídas no exercício da administração obrigam os bens comuns e particulares do cônjuge que os administra, e os do outro na razão do proveito que houver auferido.
	Quanto aos bens comuns, a anuência de ambos os cônjuges é necessária para os atos, a título gratuito, que impliquem cessão do uso ou gozo dos bens comuns e, em caso de malversação dos bens, o juiz poderá atribuir a administração a apenas um dos cônjuges.
	O patrimônio do casal, decorrente da comunhão, responde pelas obrigações contraídas pelo marido ou pela mulher para atender aos encargos da família, às despesas de administração e às decorrentes de imposição legal.
Comunhão Universal	Comunicação de todos os bens presentes e futuros dos cônjuges e suas dívidas passivas.
	O regime de administração dos bens é idêntico ao da comunhão parcial. Apenas os bens descritos no art. 1.668 excluem-se da comunhão universal.

Regime da Participação Final nos Aquestos	Cada cônjuge possui patrimônio próprio e lhe cabe, à época da dissolução da sociedade conjugal, direito à metade dos bens adquiridos pelo casal, a título oneroso, na constância do casamento.
	Os bens anteriores ao casamento e os adquiridos por patrimônio próprio pertencem a cada cônjuge, que deve administrá-los exclusivamente, podendo também aliená-los livremente.
	Os bens adquiridos na constância do casamento, excluída a sub-rogação, os que sobrevierem por sucessão ou liberalidade e as dívidas relativas a esses bens, são partilháveis.
	Dois regimes distintos para os bens particulares e os partilháveis.
Regime da Separação de Bens	Cada cônjuge permanece com a administração exclusiva dos bens, podendo livremente aliená-los e gravá-los de ônus real.
	Ambos os cônjuges são obrigados a contribuir para as despesas do casal na proporção dos rendimentos de seu trabalho e de seus bens, salvo estipulação em contrário no pacto antenupcial.
	Possibilidade de discussão sobre eventual partilha, em virtude de divergência jurisprudencial.

Identificados os efeitos do casamento, pode-se passar aos efeitos do divórcio. Ora, se o divórcio é a via pela qual se dissolve o casamento válido de cônjuges vivos, ele deve extinguir todos os efeitos acima descritos. Em outras palavras, o divórcio atinge, com eficácia negativa, os efeitos pessoais e patrimoniais do casamento. Assim, encerra a comunhão de vida, a presunção de filiação e deve ser estabelecido um regime de guarda e convivência no caso de haver filhos comuns (se necessário, também deve ser estabelecido um regime de administração de bens desses filhos). Ainda, faz cessar os efeitos patrimoniais do casamento, produzindo reflexos sobre os impedimentos para casar e impõe que se partilhem os bens comuns do casal.

Estabelecido o conceito de divórcio, retorna-se ao problema proposto: há, de fato, a possibilidade de se falar em divórcio litigioso imediato, liminar, impositivo, ou qualquer que seja o adjetivo que esteja relacionado à produção de efeitos imediatos do divórcio, sem a manifestação do outro cônjuge em juízo?

Aqui, já é possível adiantar parcialmente a conclusão: é possível conceber um divórcio liminar, mas com efeitos limitados a apenas alguns daqueles que integram a relação de efeitos gerais do divórcio. Mais especificamente, o divórcio imediato que se mostra possível, em qualquer situação, está circunscrito apenas à desconstituição dos efeitos pessoais do casamento no que diz respeito aos cônjuges e para pôr fim ao regime de bens. O divórcio liminar não se presta para resolver, definitivamente, os temas afetos ao regime de guarda e convivência dos filhos nem a partilha de bens. Antes de seguir para esta conclusão e passar para o estudo dos temas processuais, é imprescindível que se estude a noção de direito potestativo e em que medida é possível afirmar que o divórcio é um direito potestativo dos cônjuges.

2.3 DIREITO POTESTATIVO AO DIVÓRCIO

O ponto de partida deste tópico é o acórdão do STJ proferido no REsp 1.247.098/MS[12], de 2017. Nele, ao tratar da separação judicial, o STJ consolidou o entendimento de que o divórcio é um direito potestativo, nos termos da Emenda Constitucional 66/2010. Nessa oportunidade, a própria corte destaca que "é direito potestativo dos cônjuges acabar com a relação por meio do divórcio, independentemente de decurso de prazo ou qualquer outra condição impeditiva ('cláusula de dureza')". É seguro, portanto, afirmar que o divórcio é um direito potestativo do cônjuge. É preciso, porém, compreender o que essa definição significa. Por esta razão, o presente tópico investiga o que é um direito potestativo, a razão pela qual alguns direitos potestativos são exercidos em juízo e, por fim, a situação jurídica da parte que se sujeita a esse direito-poder.

O direito potestativo é um conceito jurídico que desperta interesse por si só. Aliás, um dos pontos mais interessantes é o fato de que é uma categoria que é investigada por diversas áreas do pensamento jurídico, dentre elas o Direito Civil e o Direito Processual Civil.[13] Por este motivo, a presente exposição examinará contribuições dessas duas ordens.

Parte-se da exposição de Fernando Noronha.[14] Para o autor, potestativos são "os direitos que permitem a uma pessoa, por simples manifestação unilateral de sua vontade (isto é, sem necessidade de concurso de qualquer outra pessoa), modificar ou extinguir uma relação jurídica preexistente, que é de seu interesse".[15] Há, porém, um complemento desse conceito que é absolutamente necessário: "as pessoas sujeitas a direitos deste tipo não têm, propriamente uma obrigação, estão em posição puramente passiva, chamada de sujeição, ou estado de sujeição".[16] Essa definição pode ser complementada pelo escólio de Pontes de Miranda, que parte da constatação de que, em determinadas situações, uma pessoa tem o poder de influir na esfera jurídica de outrem, adquirindo, modificando ou extinguindo direitos, pretensões,

---

12. Recurso especial. Direito civil. Família. Emenda constitucional 66/10. Divórcio direto. Separação judicial. Subsistência.

    1. A separação é modalidade de extinção da sociedade conjugal, pondo fim aos deveres de coabitação e fidelidade, bem como ao regime de bens, podendo, todavia, ser revertida a qualquer momento pelos cônjuges (Código Civil, arts. 1571, III e 1.577). O divórcio, por outro lado, é forma de dissolução do vínculo conjugal e extingue o casamento, permitindo que os ex-cônjuges celebrem novo matrimônio (Código Civil, arts. 1571, IV e 1.580). São institutos diversos, com conseqüências e regramentos jurídicos distintos. 2. A Emenda Constitucional nº 66/2010 não revogou os artigos do Código Civil que tratam da separação judicial. 3. Recurso especial provido. (BRASIL. Superior Tribunal de Justiça. REsp 1.247.098/MS. Relator(a). Min. Maria Isabel Gallotti. Julgamento: 14 mar. 2017. Órgão Julgador: Quarta Turma. Publicação: DJe 16 maio 2017).

13. Outras áreas que também manifestam interesse no direito potestativo são o Direito do Trabalho, o Direito Administrativo e o Direito do Consumidor.
14. NORONHA, Fernando. *Direito das obrigações*. 4. ed. São Paulo: Saraiva, 2013. p. 76-83.
15. NORONHA, Fernando. *Direito das obrigações*. 4. ed. São Paulo: Saraiva, 2013. p. 76-77.
16. NORONHA, Fernando. *Direito das obrigações*. 4. ed. São Paulo: Saraiva, 2013. p. 77.

ações e exceções. Esses direitos conferem poder jurídico a seu titular, por isso são chamados de direitos potestativos.[17] Seu exercício se dá por ato unilateral do titular, ou seja, por simples manifestação unilateral da vontade.

Pontes de Miranda prossegue, destacando que os direitos potestativos podem ter eficácia somente em relação ao titular (como nos casos de renúncia à herança, abandono ou renúncia da propriedade ou a renúncia a outros direitos reais), mas também podem operar efeitos na esfera jurídica de outra pessoa, como o pedido de divórcio.[18]

Miguel Reale, embora divirja substancialmente a respeito da expressão "direito subjetivo" e adote teoria distinta das de Noronha e Pontes de Miranda, também destaca que o direito potestativo tem como elemento distintivo em relação ao direito subjetivo a figura da sujeição. Para ele, o direito subjetivo só existe quando "a situação subjetiva implica a possibilidade de uma pretensão, unida à exigibilidade de uma prestação ou de um ato de outrem".[19] Assim, o direito subjetivo tem como núcleo a pretensão, a qual corresponde uma prestação de outrem.[20] Por outro lado, existem outras situações subjetivas que se estruturam como um poder de fazer algo, sem que exista uma pretensão correlata. Essas estruturas jurídicas, nas quais não há a relação "pretensão-obrigação", são estruturadas como "poder-sujeição". São elas que recebem a denominação de direitos potestativos, embora Miguel Reale reitere que a denominação é inadequada.[21]

Em arremate da posição do Direito Civil, vale destaque à posição concisa de Gustavo Tepedino a respeito do direito potestativo: "ao contrário da dinâmica do direito subjetivo, a satisfação do seu titular dá-se pela interferência na esfera jurídica de outro titular, que se submete, pura e simplesmente, ao seu exercício".[22] O professor ressalta que o direito potestativo, ou formativo, traduz o poder unilateral de constituição, alteração ou extinção da relação jurídica.

---

17. PONTES DE MIRANDA, Francisco Cavalcanti. *Tratado de direito privado*. Atualizado por Marcos Bernardes de Mello; Marcos Erhardt Jr. São Paulo: Revista dos Tribunais, 2012. Tomo 5. p. 297-298.
18. PONTES DE MIRANDA, Francisco Cavalcanti. *Tratado de direito privado*. Atualizado por Marcos Bernardes de Mello; Marcos Erhardt Jr. São Paulo: Revista dos Tribunais, 2012. Tomo 5. p. 298.
19. REALE, Miguel. *Lições preliminares de direito*. 27. ed. São Paulo: Saraiva, 2002. p. 259.
20. "Desse modo, a pretensão é o elemento conectivo entre o modelo normativo e a experiência concreta, mesmo porque a norma, exatamente por ser um modelo destinado à realidade social, não difere desta a não ser por um grau de abstração, na medida em que ela foi instaurada à vista da realidade mesma, como expressão objetiva do que nela deve ser declarado obrigatório." (REALE, Miguel. *Lições preliminares de direito*. 27. ed. São Paulo: Saraiva, 2002. p. 259-260).
21. "Trata-se, em suma, de situações de poder, caracterizadas pela eminência reconhecida a uma das partes ou pessoas partícipes da relação jurídica". (REALE, Miguel. *Lições preliminares de direito*. 27. ed. São Paulo: Saraiva, 2002. p. 261).
22. TEPEDINO, Gustavo. Abuso do direito potestativo. *Revista Brasileira de Direito Civil-RBDCivil*, v. 25, n. 3, p. 13, 2020.

A doutrina que mira no aspecto processual também confirma os elementos acima destacados. Fredie Didier Jr., ao definir direito potestativo[23], acrescenta que esses direitos não precisam ser executados, ou melhor, não dependem da prática de atos materiais consistentes na efetivação de uma prestação devida: "o direito potestativo efetiva-se normativamente: basta a decisão judicial para que ele se realize no mundo ideal das relações jurídicas".[24] Carlos Alberto Alvaro de Oliveira e Daniel Mitidiero, em diálogo com Didier Jr., registram que o direito potestativo está relacionado com a sujeição.[25]

A doutrina do direito processual civil remete, em peso, aos escritos de Chiovenda para a compreensão do direito potestativo. O mestre italiano, ao iniciar a exposição a respeito do tema, já destacava que o traço distintivo do direito potestativo é que ele carece daquilo que é mais característico dos direitos a uma prestação, ou seja, a obrigação de alguém de realizar algo.[26] Chiovenda acrescenta que em alguns casos a lei confere a alguém o poder de influir, com sua manifestação de vontade, sobre a condição jurídica de outro, "sem o concurso de vontade deste".[27]

É seguro afirmar, portanto, que o direito potestativo está ligado à manifestação de vontade de alguém e à sujeição de outrem. Não por acaso, a maioria das obras citadas oferece, como exemplo de direito potestativo, o divórcio. Assim, o que se conclui, até aqui, é que a afirmação de que o direito ao divórcio é potestativo significa que ele é exercido mediante manifestação da vontade e o outro cônjuge se sujeita a tanto, nada podendo opor contra o exercício desse direito.

Não há, porém, qualquer surpresa diante do fato de que o exercício do direito potestativo ao divórcio dependa de demanda ao Poder Judiciário. Como Chiovenda constatava, há alguns direitos potestativos que se exercitam mediante simples declaração de vontade (um exemplo contemporâneo seria a demissão de empregado). Por outro lado, é perfeitamente possível que essa manifestação de vontade seja formulada em juízo e dependa de intermediação do Poder Judiciário.[28] Nessa mesma linha, embora reconheça que o exercício dos direitos potestativos se dá, em regra, pela declaração unilateral de vontade, Pontes de Miranda também admitia que

---

23. DIDIER JR, Fredie. O direito de ação como complexo de situações jurídicas. *Revista de Processo*, São Paulo, n. 210, p. 41-56, 2012.
24. DIDIER JR, Fredie. O direito de ação como complexo de situações jurídicas. *Revista de Processo*, São Pulo, n. 210, p. 45, 2012.
25. OLIVEIRA, Carlos Alberto Alvaro de; MITIDIERO, Daniel. *Curso de processo civil*. São Paulo: Atlas, 2012. v. 2. p. 164.
26. CHIOVENDA, Giuseppe. *Instituições de direito processual civil*. São Paulo: Saraiva, 1965. v. 1. p. 14-15.
27. CHIOVENDA, Giuseppe. *Instituições de direito processual civil*. São Paulo: Saraiva, 1965. v. 1. p. 15.
28. "Esses poderes [...] se exercitam e atuam mediante simples declaração de vontade, mas, em alguns casos, com a necessária intervenção do juiz. Têm todas de comum tender à produção de um efeito jurídico a favor de um sujeito e a cargo de outro, o qual nada deve fazer, mas nem por isso pode esquivar-se àquele efeito, permanecendo sujeito à sua produção." (CHIOVENDA, Giuseppe. *Instituições de direito processual civil*. São Paulo: Saraiva, 1965. v. 1. p. 15).

a ação é por vezes exigida para que esse exercício produza efeitos[29], especialmente em relação à modalidade extintiva.

O divórcio judicial está, justamente, nessa categoria: trata-se de direito potestativo extintivo. Se não houver acordo entre os cônjuges, a manifestação de vontade deve ser formulada como petição inicial ao Poder Judiciário. Ou seja, o "pedido" de divórcio é meio pelo qual um dos cônjuges exerce um direito potestativo para pôr fim ao casamento. Esse requerimento gera a sujeição do outro cônjuge, que nada pode opor contra o pedido de divórcio, propriamente dito.[30]

Outro ponto que deve ser compreendido são os efeitos do direito potestativo extintivo. A eficácia pode ser *ex tunc* ou *ex nunc*. O efeito não está ligado ao conceito geral, mas ao direito específico que se exerce. A decretação de nulidade de negócio jurídico, por exemplo, opera *ex tunc*.[31] O divórcio, por sua vez, produz efeitos *ex nunc*, afinal, ele não atinge o casamento, mas põe fim ao vínculo conjugal. Aqui, é possível adiantar um tema que será retomado no Capítulo 4. A maioria dos argumentos contrários ao divórcio liminar estão ligados à possibilidade do outro cônjuge alegar algum vício relacionado ao casamento, tais como a ausência ou a inexistência do casamento. Como a eficácia do divórcio é *ex nunc*, sua decretação não impede o questionamento do fato operativo do casamento, que teria eficácia *ex tunc*. Em outras palavras, a decretação do divórcio não retira da parte a possibilidade de discutir outros elementos relacionados ao casamento.

Um último ponto sobre os direitos potestativos é absolutamente necessário para a compreensão do tema. No dizer de Pontes de Miranda, se o exercício de um direito potestativo extintivo leva à extinção de uma relação jurídica, "mas há óbices a que os efeitos produzidos totalmente se apaguem [...], nascem à pessoa, que seria prejudicada, créditos, pretensões e ações à restituição ou reparação".[32] Esta observação vale para o divórcio e ela é que precisa ser melhor explorada.

Para tanto, é preciso recordar que o casamento é instituto que produz um feixe de efeitos jurídicos. Mais do que isso, por envolver comunhão de vida, o casamento perdura no tempo e, na maioria das vezes, acompanha alterações na situação jurídica dos cônjuges. No curso do casamento as pessoas adquirem bens, realizam empreendimentos, têm filhos, enfim, desempenham todas as atividades de suas vidas. O casamento, por si só, produz mudanças no plano fático e jurídico e, no seu curso, promove alterações na situação jurídica de cada um dos envolvidos.

---

29. PONTES DE MIRANDA, Francisco Cavalcanti. *Tratado de direito privado*. Atualizado por Marcos Bernardes de Mello; Marcos Erhardt Jr. São Paulo: Revista dos Tribunais, 2012. Tomo 5. p. 299.
30. Há, sim, outras questões que podem suscitar conflitos de interesses, como guarda dos filhos, alimentos e partilha. Estes temas serão examinados adiante.
31. PONTES DE MIRANDA, Francisco Cavalcanti. *Tratado de direito privado*. Atualizado por Marcos Bernardes de Mello; Marcos Erhardt Jr. São Paulo: Revista dos Tribunais, 2012. Tomo 5. p. 299.
32. PONTES DE MIRANDA, Francisco Cavalcanti. *Tratado de direito privado*. Atualizado por Marcos Bernardes de Mello; Marcos Erhardt Jr. São Paulo: Revista dos Tribunais, 2012. Tomo 5. p. 299.

Por esta razão, na maioria das vezes, o divórcio é muito mais complexo do que o casamento, pois há muitos pontos que precisam ser resolvidos entre os cônjuges que sequer existiam quando celebraram a união. É isto que se pretende tratar no final deste tópico.

Não há dúvida de que o direito ao divórcio é potestativo. Basta que um dos cônjuges manifeste sua vontade. A doutrina e a jurisprudência confirmam essa tese, como exposto acima. No entanto, é preciso deixar claro que a partir do divórcio há uma série de direitos, deveres, pretensões, ações e outros institutos que nascem, na expressão citada de Pontes de Miranda. Em outras palavras, o divórcio é direito potestativo extintivo, mas o seu exercício constitui uma série de situações jurídicas novas. Como exemplo, apenas para ilustrar a afirmação, a partir do divórcio, o casal com filhos passa a seguir um regime de guarda e convivência; o casal com bens forma um condomínio até que se ultime a partilha; as sociedades empresárias constituídas pelo casal passam a ter sócios e daí podem surgir conflitos. O divórcio extingue a relação conjugal, mas não encerra a relação entre as partes. Ao contrário, o divórcio é fonte de novas relações jurídicas, tanto pessoais quanto materiais.

A partir dos efeitos do casamento apresentados no quadro do tópico anterior, serão identificadas as consequências provocadas ou que podem ser provocadas pelo divórcio.

Alguns efeitos do casamento são, sem dúvida, extintos pelo divórcio e não dependem de qualquer outra solução. Dos efeitos gerais, a condição dos cônjuges como consortes e companheiros, os deveres de fidelidade recíproca e de vida comum no domicílio conjugal são simplesmente extintos. Outros, por circunstâncias fáticas decorrentes do divórcio, exigem do direito que se ofereçam soluções para as situações jurídicas resultantes do exercício do direito potestativo. É o caso da responsabilidade pelos encargos da família, da mútua assistência e do sustento: esses efeitos do casamento, extintos pelo divórcio, dão lugar à discussão a respeito dos alimentos entre cônjuges e para os filhos. A educação dos filhos, que durante o casamento é dividida naturalmente pelo casal, dá lugar ao estabelecimento de um regime de guarda e de convivência.

Quanto à filiação, cessa a presunção de filiação dos filhos nascidos na constância do casamento e adota-se, provisoriamente, o regime do art. 1.597, do Código Civil. Se os filhos menores do casal têm bens em nome próprio, a administração de tais bens após o divórcio deverá ser definida em conjunto com a guarda.

Como já se depreende do quadro anterior, a maioria dos efeitos patrimoniais depende do regime de bens. De todo modo, ainda em um aspecto geral, encerra-se a figura da economia doméstica e a solidariedade dos cônjuges decorrentes da administração dos bens comuns. A depender do regime, surge aqui o direito de exercer, contra o outro, o direito de regresso decorrente do pagamento das dívidas solidárias. O cônjuge que estava na posse de bem particular do outro deixa de ser usufrutuário ou depositário e, de acordo com a jurisprudência, deverá remunerar pelo uso exclusivo do bem.[33]

---

33. É o que se depreende do entendimento do STJ: Recurso especial. Ação de arbitramento de aluguel. Ex- -cônjuge que reside no imóvel comum com a filha do ex-casal, provendo o seu sustento. Uso exclusivo e enriquecimento sem causa. Não caracterização.

1. O uso exclusivo do imóvel comum por um dos ex-cônjuges – após a separação ou o divórcio e ainda que não tenha sido formalizada a partilha – autoriza que aquele privado da fruição do bem reivindique, a título de indenização, a parcela proporcional a sua quota-parte sobre a renda de um aluguel presumido, nos termos do disposto nos artigos 1.319 e 1.326 do Código Civil.

2. Tal obrigação reparatória – que tem por objetivo afastar o enriquecimento sem causa do coproprietário – apresenta como fato gerador o uso exclusivo do imóvel comum por um dos ex-consortes, a partir da inequívoca oposição daquele que se encontra destituído da fruição do bem, notadamente quando ausentes os requisitos ensejadores da chamada "usucapião familiar" prevista no artigo 1.240-A do citado Codex. Precedentes.

3. Na hipótese dos autos, desde o divórcio das partes, o ex-marido reside no imóvel comum em companhia da filha (cujo sustento provê quase que integralmente), sem efetuar nenhum pagamento a ex-esposa (coproprietária) a título de aluguel.

4. Como é de sabença, enquanto o filho for menor, a obrigação alimentícia de ambos os genitores (de custear-lhe as despesas com moradia, alimentação, educação, saúde, lazer, vestuário, higiene e transporte) tem por lastro o dever de sustento derivado do poder familiar, havendo presunção de necessidade do alimentando; ao passo que, após a maioridade civil (dezoito anos), exsurge o dever dos pais de prestar alimentos ao filho – em decorrência da relação de parentesco – quando demonstrada situação de incapacidade ou de indigência não proposital, bem como por estar o descendente em período de formação escolar profissionalizante ou em faculdade, observado o trinômio "necessidade de quem recebe, capacidade contributiva de quem paga e proporcionalidade". Inteligência da Súmula 358/STJ.

5. A prestação alimentícia, por sua vez, pode ter caráter pecuniário – pagamento de certa soma em dinheiro – e/ou corresponder a uma obrigação in natura, hipótese em que o devedor fornece os próprios bens necessários à sobrevivência do alimentando, como moradia, saúde e educação.

6. A despeito da alternatividade característica da obrigação de prestar alimentos, o artigo 1.707 do Código Civil enuncia o princípio da incompensabilidade, que, nos termos da jurisprudência desta Corte, admite mitigação para impedir o enriquecimento indevido de uma das partes, mediante o abatimento de despesas pagas in natura (para satisfação de necessidades essenciais do alimentando) do débito oriundo de pensão alimentícia.

7. Nesse contexto normativo, há dois fundamentos que afastam a pretensão indenizatória da autora da ação de arbitramento de aluguel. Um principal e prejudicial, pois a utilização do bem pela descendente dos coproprietários – titulares do dever de sustento em razão do poder familiar (filho menor) ou da relação de parentesco (filho maior) – beneficia a ambos, motivo pelo qual não se encontra configurado o fato gerador da obrigação reparatória, ou seja, o uso do imóvel comum em benefício exclusivo de ex-cônjuge.

8. Como fundamento secundário, o fato de o imóvel comum também servir de moradia para a filha do ex-casal tem a possibilidade de converter a "indenização proporcional devida pelo uso exclusivo do bem" em "parcela in natura da prestação de alimentos" (sob a forma de habitação), que deverá ser somada aos alimentos in pecunia a serem pagos pelo ex-cônjuge que não usufrui do bem – o que poderá ser apurado em ação própria -, sendo certo que tal exegese tem o condão de afastar o enriquecimento sem causa de qualquer uma das partes.

9. Ademais, o exame do pedido de arbitramento de verba compensatória pelo uso exclusivo de imóvel comum por ex-cônjuge não pode olvidar a situação de maior vulnerabilidade que acomete o genitor encarregado do cuidado dos filhos financeiramente dependentes, cujas despesas lhe são, em maior parte, atribuídas.

10. Hipótese em que o provimento jurisdicional – pela improcedência da pretensão autoral – submete-se à regra rebus sic stantibus, notadamente por se tratar de controvérsia que guarda relação com institutos de direito de família.

11. Recurso especial não provido. (BRASIL. Superior Tribunal de Justiça. REsp 1.699.013/DF. Relator: Min. Luis Felipe Salomão. Julgamento: 04 maio 2021. Órgão Julgador: Quarta Turma. Publicação: DJe 04 jun. 2021).

Os impedimentos em relação ao patrimônio são extintos. No entanto, a partir do divórcio, a alienação de um bem comum do casal dependerá de partilha ou de pedido judicial para tanto. Ou seja, o regime patrimonial, embora se encerre com o divórcio, faz nascer outro conjunto de direitos e deveres, muitas vezes mais complexo que o próprio casamento, na medida em que os bens comuns a serem partilhados seguem um regime de condomínio.

Há, por fim, um elemento que aumenta a dificuldade da questão. Dentre os interesses envolvidos em um divórcio, há aqueles que são públicos. Nessa linha, todas as consequências que dizem respeito aos filhos menores de idade e incapazes devem passar pelo crivo do Poder Judiciário. A partilha de bens deverá ser submetida à Receita, para cálculo de eventual incidência de tributo. Esses dois exemplos são apenas ilustrações e não esgotam as hipóteses, mas confirmam a noção de que o divórcio gera maior complexidade do que o casamento em si.

Nada disso, porém, contraria a constatação da doutrina e da jurisprudência de que o divórcio é um direito potestativo. Como exposto, a manifestação de vontade que exercita o direito ao divórcio não admite prestação contrária, ou seja, gera apenas a sujeição do outro cônjuge. Isto significa que, diante de um pedido de divórcio, não há nada que possa ser oferecido contra a sua decretação, justamente por se tratar de um direito potestativo extintivo. Trata-se, ainda, de ato que possui eficácia *ex nunc*, na medida em que não atinge o casamento na data de sua celebração, mas sim a partir do momento em que é decretado. Se houver outros elementos jurídicos decorrentes do divórcio, nascidos a partir do exercício do direito potestativo, estas podem ser apreciadas posteriormente.

O próximo item, que encerra este capítulo, consolidará os fundamentos materiais que partem da noção de que o divórcio é direito potestativo e que, portanto, deve ser possível sua decretação liminar.

2.4 FUNDAMENTOS MATERIAIS PARA A DECRETAÇÃO LIMINAR DO DIVÓRCIO

O presente tópico pretende consolidar as posições doutrinárias sobre a decretação liminar do divórcio, na ótica do Direito Civil. Uma das mais importantes vozes nesse sentido é a de Maria Berenice Dias, para quem o divórcio, como direito potestativo, independe de justificativa ou de concordância do outro cônjuge para ser decretado.[34] A autora fundamenta sua posição a partir da Emenda Constitucional 66/2010, e na redação que estabeleceu para o art. 226, § 6º, da Constituição da República Federativa do Brasil: "o casamento civil pode ser dissolvido pelo divórcio".

---

34. "Quando um não quer, dois não ficam casados. É o que se chama de direito potestativo." (DIAS, Maria Berenice. *Manual de direito das famílias*. 14. ed. Salvador: JusPodivm, 2021. p. 574).

Nessa mesma linha, destacando que o direito potestativo impede qualquer oposição da outra parte, Mario Luiz Delgado e José Simão:

> Ora, o divórcio, desde o advento da Emenda Constitucional 66/2010, deixou de ser um direito subjetivo comum, ainda que dotado de fundamentalidade, para se transformar em um direito potestativo, contra o qual nem o outro cônjuge nem o Estado-juiz podem se opor. Requerida judicialmente a dissolução ou desconstituição do vínculo por um dos cônjuges, o outro não pode se opor ou contestar, mas somente se sujeitar. O direito de pedir o divórcio não pode ser violado, pouco importam as razões do inconformismo do outro cônjuge. A contestação ou discordância daquele contra quem for deduzido o pedido de divórcio não possui qualquer relevância nem pode obstar a prolação do decreto de dissolução do vínculo. Daí a natureza de direito fundamental potestativo. Assim, não faz sentido que um simples pedido de divórcio, que não é passível de "contestação", fique a depender da chancela judicial somente porque um dos cônjuges, por qualquer razão, não se dispõe a comparecer perante o tabelião de notas.[35]

Essa posição também é compartilhada por Paulo Lôbo. Logo que a EC 66/2010 foi aprovada, o professor afirmou que a alteração promovida pela PEC do Divórcio protagonizava a mais simples e intensa regulamentação da dissolução do casamento, no âmbito constitucional.[36] Nessa oportunidade, asseverou que a dissolução do casamento passava a ter apenas um requisito, qual seja, o ato de vontade de um dos cônjuges. Acrescentava, ainda, que tal manifestação não depende de qualquer motivação, prazo ou condição e que, portanto, o divórcio passa a ser direito potestativo.[37] Outra contribuição relevante, nessa esfera, é a de Gediel Claudino de Araujo Junior, para quem a estrutura de direito potestativo do divórcio contribui na medida em que evita a discussão dos motivos do divórcio, da qual todos os envolvidos saem prejudicados.[38]

Outra ordem de argumentos é identificada por Rodrigo da Cunha Pereira. Para ele, o constituinte e o legislador optaram pelo princípio da menor intervenção estatal, da autonomia privada, da liberdade e da responsabilidade dos indivíduos.[39] Por isso, o Estado, que pouco interfere quando as pessoas pretendem casar, não pode estabelecer restrições e dificuldades aos que pretendem se divorciar.[40]

---

35. DELGADO, Mário Luiz; SIMÃO, José Fernando. Impedir a declaração unilateral de divórcio é negar a natureza das coisas. *Consultor Jurídico*, 19 maio 2019. Disponível em: https://www.conjur.com.br/2019-mai-19/processo-familiar-barrardeclaracao-unilateral-divorcio-negar-natureza-coisas. Acesso em: 22 abr. 2022.
36. LÔBO, Paulo. Divórcio: alteração constitucional e suas consequências. *IBDFAM*, 09 jul. 2010. Disponível em: https://ibdfam.org.br/artigos/629/novosite. Acesso em: 22 abr. 2022.
37. Nessa mesma linha, MADALENO, Rolf. *Direito de família*. 10. ed. Rio de Janeiro: Forense, 2020. p. 217. E-book. Disponível em: https://integrada.minhabiblioteca.com.br/#/books/9788530987961/. Acesso em: 18 jun. 2021.
38. ARAUJO JR., Gediel Claudino. *Prática no direito de família*. 13. ed. p. 110. E-book. Disponível em: https://integrada.minhabiblioteca.com.br/#/books/9788597026498/. Acesso em: 15 jun. 2021.
39. Nessa linha, XAVIER, Marília Pedroso. *Contrato de namoro*. 2. ed. Belo Horizonte: Fórum, 2020.
40. PEREIRA, Rodrigo da Cunha. *Direito das famílias*. Rio de Janeiro: Forense, 2020. p. 249. Ebook. Disponível em: https://integrada.minhabiblioteca.com.br/#/books/9788530990824/. Acesso em: 20 abr. 2021.

Vê-se, portanto, que tanto a doutrina que investiga o direito potestativo como conceito quanto a que reflete especificamente a respeito do divórcio têm conclusões semelhantes: há um direito potestativo ao divórcio.

Além da pioneira decisão que concedeu liminarmente o divórcio em 2012, mencionada no capítulo anterior, ganha destaque outra que, com fundamento na Emenda Constitucional 66/2010, foi proferida no Estado da Bahia, no ano de 2014, pelo juízo da 6ª Vara da Família da Comarca de Salvador. Na época, sob a vigência do Código de Processo Civil de 1973, a providência foi concedida por meio de antecipação de tutela. Dentre os fundamentos da decisão[41], destacou-se que a decretação do divórcio, naquele momento processual, não afetaria as demais discussões do caso, nem mesmo os direitos e deveres em relação aos filhos. Ainda, com fundamento na felicidade das partes, o magistrado afirmou que procurou acelerar o procedimento e preservar a dignidade do casal, uma vez que os cônjuges pretendiam prosseguir com a vida afetiva e formar vínculos com outras pessoas.

Nota-se que essa decisão empregou como fundamento central o princípio da felicidade. Em que pese o debate gerado nessa linha, entende-se, para os fins desta obra, que o argumento da felicidade – válido ou não – é indiferente para o prosseguimento da reflexão.

Em seguida, ainda sob a égide do Código de Processo Civil de 1973, uma série de decisões foram proferidas de modo a efetivar os divórcios de modo liminar. Em geral, o fundamento central era a natureza potestativa do divórcio. Nessa linha, encontram-se decisões do Tribunal de Justiça do Rio Grande do Sul[42] e Paraná[43]. Por outro lado, apesar de reconhecer o caráter potestativo do divórcio, parte da jurisprudência negava a possibilidade de concedê-lo sem manifestação prévia do réu.[44]

---

41. JUIZ da Bahia concede divórcio por liminar antes de ouvir uma das partes. *Consultor Jurídico*, 17 jul. 2017. Disponível em: https://www.conjur.com.br/2014-jul-17/juiz-bahia-concede-divorcio-liminar-antes-ouvir--parte. Acesso em: 22 abr. 2022.
42. Agravo de instrumento. Ação de divórcio. Antecipação de tutela. Pedido de divórcio antes da sentença. Possibilidade. EC 66/2010. Possibilidade de ser concedida uma sentença parcial de mérito, em face da nova redação do parágrafo 1º do artigo 162 do CPC. Agravo Provido (RIO GRANDE DO SUL. Tribunal de Justiça. AI 70059163402. Relator: Sandra Brisolara Medeiros. Julgamento: 07 abr. 2014. Órgão Julgador: Sétima Câmara Cível. Publicação: DJ 10 abr. 2014).
43. Agravo de instrumento. Divórcio. O divórcio prescinde de requisitos temporais, prévio ajuizamento de separação (art. 226, § 6º, da Constituição Federal, na redação da emenda 66/2010), bem como de prévio acordo de partilha de bens, conforme disposto no art. 1.581 do CC. Recurso Provido (PARANÁ. Tribunal de Justiça. AI 1110021-5 – Foro Central da Comarca da Região Metropolitana de Curitiba. Relator(a): Vilma Régia Ramos de Rezende. Julgamento: 24 mar. 2014. Unânime. Órgão Julgador: 12ª Câmara Cível).
44. Família. Ação de divórcio. Liminar requerida inaudita altera pars. Indeferimento pelo magistrado a quo. Verossimilhança delineada pela manifestação de vontade de término do casamento. Fundado receio de dano irreparável ou de difícil reparação, todavia, não configurado. Ausência de comprovação de interesse em contrair novas núpcias ou de prejuízo na manutenção do estado civil atual até que seja oportunizada a defesa. Pressupostos autorizadores da medida liminar não verificados. Interlocutório mantido. Recurso desprovido. (SANTA CATARINA. Tribunal de Justiça. AI 2014.013762-3, da Capital – Norte da Ilha. Relator: Des. Marcus Tulio Sartorato. Julgamento: 22/07/2014. Órgão Julgador: Terceira Câmara de Direito Civil).

Ao lado da divergência jurisprudencial, outra solução foi concebida no seio de alguns tribunais. A Corregedoria Geral do Tribunal de Justiça do Estado de Pernambuco editou norma administrativa, proposta pelo Des. Jones Figueirêdo Alves, que permitia o divórcio diretamente no Cartório de Registro Civil. Essa norma, consubstanciada no Provimento 06/2019, do TJPE, denominava essa hipótese de divórcio como "divórcio impositivo" ou "divórcio unilateral". Conforme já referido no capítulo anterior, o Tribunal de Justiça do Estado do Maranhão seguiu essa mesma orientação, por meio do Provimento 25/2019. Em ambos, o fundamento central foi o direito potestativo ao divórcio.[45] Apontava-se, assim, para a consolidação da tese.

No entanto, o Corregedor-Geral do Conselho Nacional de Justiça, em decisão proferida em pedido de providências instaurado de ofício, em maio de 2019, suspendeu as medidas administrativas acima citadas e recomendou aos demais tribunais que não editem normas no mesmo sentido. Para o Min. Humberto Martins, o divórcio impositivo, realizado nos termos dos Provimentos dos tribunais de Pernambuco e Maranhão deveriam seguir o rito do divórcio litigioso.

O tema do divórcio unilateral não se encerrou com essa decisão, embora não tenha havido, até o momento, posicionamento definitivo do CNJ a respeito. É que o Sen. Rodrigo Pacheco, de Minas Gerais, apresentou projeto de lei para regulamentar o divórcio unilateral, contando com o apoio técnico dos Professores Flávio Tartuce, Mario Luiz Delgado e José Fernando Simão.[46] Não, há, porém, notícias de andamentos recentes do referido projeto. Isto, no entanto, significa que a discussão não foi abandonada e que há representativa parcela da doutrina que defende essa possibilidade.

O passo seguinte nessa discussão polarizada, no âmbito do Direito Civil, teve a participação central dos diplomas processuais. É que, pouco tempo depois dessas primeiras decisões, foi aprovado o Código de Processo Civil de 2015 e, em 2016, referido Código entrou em vigor. O que se há de destacar, aqui, é que uma de suas normas fundamentais é o contraditório, previsto especialmente nos termos do art. 7º ("É assegurada às partes paridade de tratamento em relação ao exercício de direitos e faculdades processuais, aos meios de defesa, aos ônus, aos deveres e à aplicação de sanções processuais, competindo ao juiz zelar pelo efetivo contraditório.") e 9º ("Não se proferirá decisão contra uma das partes sem que ela seja previamente ouvida"). Ou seja, com exceção dos provimentos urgentes, algumas hipóteses de tutela de evidência e a decisão que recebe a petição inicial da ação monitória – todas elas

---

45. Nos dois provimentos, identifica-se o seguinte considerando: "Considerando que, a partir da Emenda Constitucional 66, de 2010, o único requisito para a decretação do divórcio é a manifestação da vontade de um dos cônjuges, não mais existindo, desde então, a necessidade da prévia separação de fato (por dois anos) ou de direito (por um ano) para que seja pleiteada a dissolução do vínculo conjugal, sendo impertinente, ademais, a discussão acerca da culpa pelo fim da relação"
46. DIVÓRCIO impositivo é apresentado como projeto de lei no Senado. *IBDFAM*, 12 jun. 2019. Disponível em: https://ibdfam.org.br/noticias/6965/Div%C3%B3rcio+Impositivo+%C3%A9+apresentado+como+projeto+de+lei+no+Senado%3B+texto+foi+elaborado+por+membros+do+IBDFAM. Acesso em: 22 abr. 2022.

decisões provisórias, portanto –, o direito processual impede que decisões sejam proferidas sem a manifestação prévia das partes envolvidas no processo.

Com essa mentalidade, a tese do divórcio judicial liminar perdeu força. Tanto é que, como mencionado no capítulo anterior, o Superior Tribunal de Justiça, em 2020, decidiu pela impossibilidade de decretação liminar do divórcio por conta da necessidade de exercício do contraditório da parte adversa. Por conta da importância da decisão, ela será reproduzida integralmente abaixo:

> Recurso Especial 1.844.545 – GO (2019/0316630-6)
>
> Decisão
>
> Trata-se de recurso especial interposto contra acórdão assim ementado (e-STJ fl. 46):
>
> Ementa: agravo de instrumento. Ação de divórcio litigioso. Decretação em sede de liminar. Citação da parte ex adversa. Oportunidade ao exercício do contraditório. Livre convencimento do magistrado. Decisão fundamentada.
>
> 1. Os critérios para aferição da tutela de evidência estão na faculdade do julgador que, exercitando o seu livre arbítrio e de forma bem fundamentada, decide sobre a conveniência ou não da concessão, sendo que tais provimentos somente podem ser revogados em caso de ilegalidade ou abuso de poder por parte do magistrado, o que não se vislumbra no presente caso.
>
> 2. Conforme se depreende do parágrafo único do art. 311 do CPC, impossível a concessão de liminar em tutela de evidência antes da citação do requerido, razão pela qual mostra-se impertinente a decretação de divórcio litigioso por esta via.
>
> RECURSO DESPROVIDO.
>
> O recurso especial (e-STJ fls. 49/60), fundamentado no art. 105, III, "a" e "c", da CF, aponta, além de divergência jurisprudencial, ofensa ao art. 311, IV, do CPC/2015, sustentando a possibilidade de concessão de tutela de evidência em ação de divórcio.
>
> Não foram apresentadas contrarrazões (e-STJ fl. 70).
>
> É o relatório.
>
> Decido.
>
> O TJGO se manifestou no seguinte sentido (e-STJ fl. 41):
>
> O não cabimento do divórcio liminar como tutela provisória de urgência de natureza antecipada, é facilmente percebido pelo que dispõe o art. 300, § 3º, do CPC: "A tutela de urgência de natureza antecipada não será concedida quando houver perigo de irreversibilidade dos efeitos da decisão".
>
> Ora, uma vez decretado o divórcio, não há como as partes retornarem ao status quo ante, senão por meio de novo casamento (art. 33 da Lei do Divórcio), o que evidencia a irreversibilidade da tutela de urgência, consistente na decretação do divórcio initio litis" (grifo no original).
>
> Destaco, de início, que os critérios para aferição da concessão de medida liminar estão na faculdade do julgador que, exercitando o seu livre arbítrio, decide sobre a conveniência ou não da concessão, sendo que tais provimentos somente podem ser revogados caso fique demonstrada a ilegalidade do ato ou evidenciado o abuso de poder por parte do magistrado.
>
> Ante tais considerações, e após análise minuciosa dos autos, não se constata qualquer irregularidade na decisão ora atacada capaz de levar à sua cassação ou reforma, tendo esta obedecido os princípios legais inerentes à ação proposta e observado ainda o poder de cautela do magistrado, estando bem fundamentada a razão de seu convencimento.

A jurisprudência desta Corte é predominante no sentido de que não é cabível recurso especial para reexaminar decisão que defere ou indefere liminar ou antecipação de tutela, em virtude da natureza precária da decisão, a qual está sujeita a modificação a qualquer tempo, devendo ser confirmada ou revogada pela sentença de mérito.

Aplica-se, por analogia, a Súmula n. 735 do STF: "Não cabe recurso extraordinário contra acórdão que defere medida liminar."

Ante o exposto, Não Conheço do recurso especial.

Publique-se e intimem-se Brasília-DF, 27 de março de 2020.

Ministro Antonio Carlos Ferreira Relator[47]

Chama a atenção, na decisão do STJ, que nem o caráter potestativo do divórcio, nem a Emenda Constitucional 66/2010, são mencionadas. A questão, portanto, foi examinada única e exclusivamente pela ótica do direito processual. É por esta razão, inclusive, que o capítulo seguinte desta obra examinará a questão por essa lógica. Ocorre, porém, que a doutrina do Direito Civil seguiu defendendo o caráter potestativo do direito ao divórcio, inclusive influenciando a jurisprudência, que demonstrou necessidade de melhor aprimoramento da questão.

Seguindo essa proposta, mesmo contra o posicionamento do STJ, surgiram decisões mais recentes que trataram do tema e autorizaram o divórcio liminar. Tivemos a oportunidade de tratar de algumas delas, oriundas do TJPR, recentemente[48]:

> Agravo de instrumento – Ação de divórcio litigioso – Tutela de evidência para decretação antecipada do divórcio – Desacolhimento em primeira instância – Insurgência recursal – Direito potestativo evidenciado no caso concreto – Inexistência de patrimônio comum do casal ou constituição de filhos em comum – Decretação do divórcio – Inevitável concessão da medida – Fim da vida em comunhão já reconhecido a partir do pedido inicial – Necessidade de garantir a liberdade inerente à rescisão da relação matrimonial e prosseguimento da vida pessoal sem violação da autonomia da vontade – Liberdade familiar que tem como uma das suas dimensões a liberdade ao divórcio e dissolução da entidade familiar – Não se trata de reconhecer direito absoluto, mas a mera sujeição do demandado a um dos efeitos do direito potestativo pleiteado pela autora – Pretensão com natureza de julgamento antecipado de mérito – Inteligência dos artigos 355 e 356 do código de processo civil – Aplicabilidade no caso concreto – Necessidade da entrega da prestação jurisdicional de modo adequado, independentemente da forma jurídica aplicada – Decisão reformada – Decretação do divórcio inaudita altera pars incidente – Confirmação da liminar recursal outrora concedida – Recurso conhecido e provido. 1. O pleito de divórcio se trata de um direito potestativo do postulante, vale dizer: diante do pedido expresso da parte autora quanto à sua concessão, ao réu não há defesa juridicamente possível que obste o provimento do pleito, mantida a demanda, por evidente, para apreciar demais pendências, se for o caso. 2. O caráter potestativo do direito é de uma evidência incontrastável, pois afirmar o contrário seria admitir o inadmissível: o dever de permanecer casado mesmo diante do fim da vida conjunta. 3. Soma-se o fato de que a demandante não mais detém contato com o requerido, desconhecendo seu atual paradeiro, o que reforça a necessidade de lhe garantir a liberdade inerente à rescisão

---

47. BRASIL. Superior Tribunal de Justiça. REsp 1.844.545/GO. Relator: Min. Antonio Carlos Ferreira. Publicação: 02 abr. 2020.
48. PUGLIESE, William S. O direito evidente ao divórcio: decisões recentes a respeito do divórcio liminar. *Consultor Jurídico* (São Paulo, Online), v. 1, p. 1-1, 2021.

da relação matrimonial e prosseguimento da vida pessoal sem violação da sua autonomia, em especial diante da morosidade judiciária e do deficitário sistema de localização para possível citação e oportunidade ao contraditório. 4. Embora o pleito deduzido pela autora se respalde no art. 300 do Código de Processo Civil, bem como que diante dos fatos expostos, independentemente da forma jurídica vinculada, seja possível a entrega da prestação jurisdicional de modo adequado, a hipótese do caso concreto se adequa à antecipação parcial dos efeitos da sentença (vide artigos 355 e 356 do Código de Processo Civil), bastando para tanto pedido que dispense instrução probatória, como é o caso. 5. Em resumo, em que pese a pretensão se paute na tutela de evidência, incidem, no caso, os artigos 355 e 356 do Código de Processo Civil, autorizando-se o julgamento antecipado do mérito, dada a ausência de controvérsia jurídica sobre o direito ao divórcio. RECURSO CONHECIDO E PROVIDO.[49]

Essa decisão, embora não tenha admitido uma hipótese geral de cabimento do divórcio liminar, destacou a natureza potestativa desse direito e solucionou questões fáticas específicas pela via da decretação do divórcio sem a manifestação do outro cônjuge. O que parece absolutamente seguro de se afirmar é que a doutrina e a jurisprudência concordam que, no plano do direito material, o divórcio é um direito potestativo, contra o qual o cônjuge nada pode opor. Como se percebeu ao longo deste tópico, os fundamentos que impedem a decretação liminar do divórcio como regra são processuais. É por isso que o próximo capítulo deixará de lado a discussão do Direito Civil e examinará as técnicas processuais pelas quais a doutrina e a jurisprudência procuram defender o cabimento da medida.

---

49. PARANÁ. Tribunal de Justiça. 0041434-50.2020.8.16.0000 – Curitiba. rel. Des. Rosana Amara Girardi Fachin. Julgamento: 24 set. 2020. Órgão Julgador: 12ª Câmara Cível.

3
DECISÕES LIMINARES E TUTELA DO DIVÓRCIO

Ao iniciar um capítulo voltado ao direito processual, deve-se fazer um resgate de propósito. O que se quer buscar, nesta obra, é uma técnica processual adequada para permitir a efetiva tutela do direito material ao divórcio como direito potestativo. Em termos processuais, pretende-se defender o cabimento de medida que defira o divórcio em decisão proferida antes da citação e de manifestação do cônjuge. Para tanto, em primeiro lugar, será necessário revisitar a relação entre técnica processual e tutela de direitos. Esta proposição teórica fornecerá os fundamentos necessários para justificar a construção de uma solução processual que atenda às necessidades do direito material.

Em seguida, neste capítulo, investigam-se as hipóteses legais típicas em que o magistrado pode decidir de modo liminar. Em outras palavras, é saber em que oportunidades pode o juiz decidir sem o exercício do contraditório. Assim, serão examinadas as técnicas de tutela provisória (tutela de urgência e de evidência), o julgamento antecipado parcial de mérito, o julgamento liminar de improcedência e as hipóteses de liminares dos procedimentos especiais. Cada um desses conceitos pode contribuir, em alguma medida, para a compreensão da decretação do divórcio liminar.

3.1 TÉCNICA PROCESSUAL E TUTELA DE DIREITOS

Este tópico, ao mesmo tempo em que lança as bases para a construção do tema em análise, também reflete as premissas pelas quais se concebe o direito processual. O título do tópico tem, de fato, o objetivo de remeter a discussão ao pensamento de Luiz Guilherme Marinoni, especialmente nas teses formuladas em *Técnica Processual e Tutela dos Direitos*[1], cuja primeira edição foi publicada em 2004. É a partir dessa exposição e da proposta teórica de processualistas que dialogam com essa visão que o item é concebido.

Segundo Marinoni, no Estado Constitucional o processo deve ser estruturado de acordo com as necessidades do direito material, além de ter de ser compreen-

---

1. MARINONI, Luiz Guilherme. *Técnica processual e tutela dos direitos*. 7. ed. São Paulo: Revista dos Tribunais, 2020.

dido, pelo juiz, como instrumento capaz de dar proteção às situações carentes de tutela.² Essa é a ideia central defendida pela proposta teórica que relaciona técnica processual à tutela dos direitos. Trata-se de visão contemporânea e inédita, tendo em vista que o processo, nas visões passadas, não era visto como um componente da realização dos direitos. Hodiernamente, a ação deve ser vista como direito fundamental e como direito à tutela de direitos. Isso altera a perspectiva de interpretação do direito processual.

É preciso, neste momento, tratar propriamente dos direitos fundamentais. Vale, porém, uma breve retomada. O Estado Constitucional é marcado pela rigidez da Constituição, pela eficácia plena das suas normas, pela função unificadora da Constituição, pela subordinação da lei às normas constitucionais e pelo papel interpretativo da Constituição sobre todo o Direito. Os direitos fundamentais são o principal resultado dessa opção teórica e refletem a escolha dos Estados por um grupo de direitos que servem tanto para o controle das atividades do Poder Público, quanto para conferir à sociedade meios imprescindíveis ao seu desenvolvimento, a proteger os direitos de um particular contra o outro (a Administração Pública ou outro particular) e para estruturar vias para que o cidadão possa participar de forma direta na reivindicação dos seus direitos. Esses direitos podem assumir as feições de direitos a prestações, direitos à proteção ou defesa, e direitos à participação.³

Os direitos fundamentais recebem essa qualificação porque repercutem sobre a estrutura básica do Estado e da sociedade. A fundamentalidade significa, em síntese, a opção prévia do Estado pela imprescindibilidade e pela necessária observância de tais direitos.⁴ Esses direitos têm aplicação imediata e não podem ser removidos, pois são cláusulas pétreas. O ideal, inclusive, é que sejam atendidos na máxima perspectiva possível.

A doutrina costuma afirmar que os direitos fundamentais se conformam a partir de dois critérios.⁵ De um lado, há o critério formal, pelo qual todo direito previsto sob o Título II, da Constituição brasileira, deve ser considerado fundamental. No entanto, a relação dos arts. 5º e seguintes não é exclusiva, de modo que outros direitos decorrentes do regime e dos princípios adotados pela Constituição podem ser considerados fundamentais, o que revela um critério material. Note-se, portanto, que a própria configuração dos direitos fundamentais é, por si só, um conceito que depende de interpretação.

---

2. MARINONI, Luiz Guilherme. *Técnica processual e tutela dos direitos*. 7. ed. São Paulo: Revista dos Tribunais, 2020. p. 26.
3. CHUEIRI, Vera Karam de et al. *Fundamentos de direito constitucional*. Salvador: JusPodivm, 2021. p. 329.
4. ROTHENBURG, Walter Claudius. Direitos fundamentais e suas características. *Revista de Direito Constitucional e Internacional*, São Paulo, v. 30, p. 146-158, 2000.
5. VIEIRA DE ANDRADE, José Carlos. *Os direitos fundamentais na constituição portuguesa de 1976*. Coimbra: Almedina, 2017.

Afirma-se, ainda, a perspectiva objetiva e subjetiva dos direitos fundamentais. Com isso, deseja-se realçar que as normas que estabelecem direitos fundamentais, embora possam gerar direitos subjetivos, também fundam elementos normativos mínimos, orientadores de todo o ordenamento jurídico. As normas de direitos fundamentais afirmam valores que incidem sobre a totalidade do ordenamento jurídico e servem para iluminar as tarefas dos órgãos judiciários, legislativos e executivos. Assim, implicam valoração de ordem objetiva. O valor contido nessas normas, revelado de modo objetivo, espraia-se necessariamente sobre a compreensão e a atuação do ordenamento jurídico.

Nessa linha objetiva, importa especialmente a atividade de aplicação e interpretação da lei, uma vez que essa não pode ser dissociada de tais direitos. Além disso, uma importante consequência da dimensão objetiva está em estabelecer ao Estado um dever de proteção dos direitos fundamentais. Esse dever de proteção, relativo à separação entre a ordem constitucional e a ordem legal, permite que se reconheça uma irradiação dos efeitos desses direitos sobre toda a ordem jurídica. Assim, fica o Estado obrigado a proteger os direitos fundamentais mediante prestações normativas e fáticas, ou seja, por meio de normas e por ações concretas. A norma de direito fundamental, ao instituir valor, e assim influir sobre a vida social e política, além de tratar das relações entre os sujeitos privados e o Estado, regula as relações que se travam apenas entre os particulares. Nessa última perspectiva pensa-se na eficácia dos direitos fundamentais sobre os particulares.

Evidentemente, os direitos fundamentais também possuem uma dimensão subjetiva, na medida em que podem ser invocados como direitos, individuais ou coletivos, pelos indivíduos.

Mais do que dimensões, os direitos fundamentais também possuem diferentes eficácias. A doutrina aponta pelo menos duas: vertical e horizontal.[6] É que os direitos fundamentais produzem efeitos quando considerados em relação ao Poder Público (eficácia vertical) e em relação a particulares (horizontal). A eficácia vertical impõe direitos e deveres sobre o Poder Público, e por consequência ao legislador, ao administrador e ao juiz. A eficácia horizontal ou privada se verifica na relação entre particulares.

Assim, os direitos fundamentais devem ser protegidos pelo juiz, porque incidem sobre ele verticalmente (e diretamente). Contudo, quando o juiz dá tutela ao direito fundamental não protegido pelo legislador ou pelo administrador, a sua decisão repercute sobre os particulares, quando então não há que se pensar em eficácia vertical, mas em eficácia horizontal mediada pela decisão jurisdicional, isto é, em eficácia horizontal mediata.[7]

---
6. SARLET, Ingo Wolfgang. *A eficácia dos direitos fundamentais*: uma teoria geral dos direitos fundamentais na perspectiva constitucional. 13. ed. Porto Alegre: Livraria do Advogado, 2018.
7. MARINONI, Luiz Guilherme; ARENHART, Sérgio Cruz; MITIDIERO, Daniel. *Curso de processo civil*: teoria do processo civil. 3. ed. São Paulo: Revista dos Tribunais, 2017. p. 86 e ss.

A eficácia horizontal mediata não pode ser confundida com a eficácia direta do direito fundamental à tutela jurisdicional efetiva sobre o juiz. Esse direito fundamental incide sobre a jurisdição, diretamente, pois objetiva conformar o seu próprio modo de atuação. Assim, os direitos fundamentais processuais são dirigidos a vincular o próprio procedimento estatal e destinam-se unicamente a regular o modo com que se dará o proceder estatal, razão pela qual sua única eficácia é sobre o Estado. No entanto, o conteúdo da decisão jurisdicional incide sobre os particulares, ou melhor, o direito fundamental processual se projeta sobre os indivíduos. Trata-se de eficácia de direito fundamental sobre os particulares, mediada pelo juiz, mas com uma peculiaridade: não há verdadeira eficácia horizontal; o que existe é eficácia vertical derivada, uma vez que o juiz tem o dever de proteção dos direitos materiais.

Aqui, compreende-se a contribuição de Marinoni[8]: o direito fundamental à tutela jurisdicional incide direta e imediatamente sobre o Estado, mas seu conteúdo não está voltado apenas à tutela dos direitos fundamentais. Cabe ao Estado garantir a efetiva tutela de quaisquer direitos, ou melhor, de todos os direitos. Nessa linha, o autor propõe a rebelião da prática contra o processo civil. É que a doutrina clássica do processo civil, na pretensão de construir uma ciência neutra, tentou isolá-lo da realidade social.[9] Isto gerou, por um lado, o procedimento comum, formulado como via neutra para a solução de qualquer controvérsia e, por isso mesmo, ineficaz para inúmeras questões. Por outro lado, porém, o processo civil cedeu à pressão de grupos mais organizados, os quais conquistaram a regulamentação de procedimentos especiais diferenciados para a resolução de questões específicas – tais como a tutela da posse.

Isto não significa, no entanto, que os procedimentos especiais devam ser criticados ou excluídos do ordenamento. Ao contrário, sua presença é prova de que o procedimento pode se adaptar para permitir, de forma mais eficaz, a tutela de direitos materiais específicos. Na verdade, os procedimentos especiais refletem a expressão de direitos que foram devidamente concebidos sob o ponto de vista processual, enquanto "outros, também carecedores de tratamento diferenciado, ficaram entregues à sorte do procedimento ordinário".[10]

A questão deve ser compreendida sob outro enfoque. Não se trata de privilegiar um ou outro direito material, mas de reconhecer a necessidade de que cada um seja tutelado da forma mais adequada.[11] Mais do que isso, como bem observa Marinoni, é o próprio direito material que determina sua forma básica de tutela e o Poder

---

8. MARINONI, Luiz Guilherme. *Teoria geral do processo*. São Paulo: Revista dos Tribunais, 2006.
9. MARINONI, Luiz Guilherme. *Técnica processual e tutela dos direitos*. 7. ed. São Paulo: Revista dos Tribunais, 2020. p. 66.
10. MARINONI, Luiz Guilherme. *Técnica processual e tutela dos direitos*. 7. ed. São Paulo: Revista dos Tribunais, 2020. p. 66.
11. "O procedimento, além de conferir oportunidade à adequada participação das partes e possibilidade de controle da atuação do juiz, deve viabilizar a proteção do direito material. Em outros termos, deve abrir ensejo à efetiva tutela dos direitos." (MARINONI, Luiz Guilherme. *Técnica processual e tutela dos direitos*. 7. ed. São Paulo: Revista dos Tribunais, 2020. p. 98).

Judiciário, ao oferecer a tutela jurisdicional, deve prestá-la da forma mais eficiente possível. Assim, sentenças e decisões interlocutórias são técnicas que não podem ser vistas isoladamente, mas como meios para a prestação da tutela do direito.[12] Com isso, afirma o autor:

> Mas, se ninguém duvida que o processo deve responder ao direito material e à realidade social, e a ação abstrata e as sentenças processuais (classificadas à luz do direito processual) não podem identificar a necessidade do autor ou explicar o resultado do processo no plano do direito material, é preciso procurar algo que identifique tudo isso, pois somente assim será possível verificar se o direito processual possui técnicas processuais capazes de atender ao direito material. Em outros termos, para analisar a efetividade do processo no plano do direito material e, assim, sua concordância com o direito fundamental à tutela jurisdicional efetiva, é imprescindível tomar consciência das necessidades que vêm do direito material, as quais traduzem diferentes desejos de tutela.[13]

A partir dessa observação, Marinoni aponta para a necessidade iminente de se classificar as tutelas. Trata-se de proposta que escapa o objetivo deste livro. O ponto que se pretende enfrentar está relacionado, intrinsecamente, a essa necessidade de se conferir efetividade a um pedido de divórcio formulado em juízo, contra o qual não há óbice que possa ser oposto pela parte contrária.

Deve-se destacar, aqui, que na linha do que se sustentou nos capítulos anteriores, o divórcio, compreendido apenas como a decisão que encerra formalmente o casamento, é independente de outras tutelas que podem ser requeridas pelas partes em decorrência do divórcio, como a partilha de bens, alimentos e guarda dos filhos menores. O divórcio, sob a ótica processual, pode ser compreendido como um direito que é tutelado por meio de sentença autossuficiente, ou satisfativa. Trata-se, como define Marinoni, da "sentença que é suficiente por si só, vale dizer, da sentença que satisfaz o jurisdicionado sem precisar interferir na esfera jurídica do réu ou modificar de maneira forçada a realidade dos fatos".[14] Quando se fala em interferência na esfera jurídica do réu, deve-se recordar que o divórcio é direito potestativo e que sua efetivação não pode ser obstada e, portanto, independe de execução.

Em síntese, o direito processual não pode servir de óbice para a tutela de direitos materiais. Ao inverso, o processo está a serviço dos direitos materiais e deve acolher suas necessidades. Nessa linha, deve haver alguma medida processual adequada para que o divórcio liminar seja requerido e deferido judicialmente. Os próximos itens examinarão as hipóteses expressamente previstas pelo Código de Processo Civil que permitem ao magistrado decidir de modo liminar.

---

12. Decorre dessa observação a crítica de Marinoni contra a classificação dita "quinaria" das sentenças, pois refletem apenas "o modo (a técnica) pelo qual o direito processual tutela os diversos casos conflitivos concretos." (MARINONI, Luiz Guilherme. *Técnica processual e tutela dos direitos*. 7. ed. São Paulo: Revista dos Tribunais, 2020. p. 99).
13. MARINONI, Luiz Guilherme. *Técnica processual e tutela dos direitos*. 7. ed. São Paulo: Revista dos Tribunais, 2020. p. 100.
14. MARINONI, Luiz Guilherme. *Técnica processual e tutela dos direitos*. 7. ed. São Paulo: Revista dos Tribunais, 2020. p. 101.

3.2 TUTELA DE URGÊNCIA

3.2.1 Conceito e estrutura da tutela provisória de urgência no CPC/15

A tutela provisória, como conceito geral do Código de Processo Civil de 2015, pode ser compreendida como a técnica direcionada a antecipar, de forma provisória, mediante cognição sumária, a tutela jurisdicional do direito à parte visando a distribuição isonômica do ônus do tempo no processo.[15] Registre-se que este trabalho não tem a pretensão de oferecer uma sistematização das tutelas provisórias com a profundidade de obras específicas a respeito do tema. O que se pretende é destacar, no âmbito de cada uma das espécies, os elementos relevantes para a compreensão da pertinência do divórcio pela via liminar.

O que o Código de Processo Civil denomina de "tutela de urgência" é, na verdade, uma técnica processual de antecipação, ou antecipatória. Ela compreende, em síntese, uma inversão procedimental que permite a tutela do direito pretendido em momento anterior ao regularmente previsto pelo procedimento comum. Nesta linha, acolhe-se a tese de Daniel Mitidiero no sentido de que as chamadas tutelas provisórias de urgência são oriundas da técnica antecipatória.[16] Ou seja, as hipóteses de deferimento da tutela provisória de urgência são permissões legais para decisões liminares, que podem antecipar o direito pretendido ou acautelá-lo.

A técnica antecipatória é meio para prestação de tutela antecipada pelo juiz no processo.[17] Sua formulação depende da conjugação dos critérios estrutural, funcional e cronológico. Do ponto de vista estrutural, ele é formado sob cognição sumária, é provisório e mantém uma relação de identidade, total ou parcial, com o provimento final. A antecipação implica coincidência entre o provimento provisório e o provimento definitivo. Do ponto de vista funcional, visa neutralizar os males do tempo no processo e distribuir isonomicamente o ônus temporal entre os litigantes mediante satisfação ou simples segurança da tutela do direito afirmada em juízo e prestigiar a maior robustez da posição jurídica de uma das partes em comparação com a da outra. Do ponto de vista cronológico, a antecipação constitui um provimento prolatado necessariamente em momento anterior ao da decisão final.

Feitos esses breves esclarecimentos teóricos, chega-se ao momento em que se deve examinar a estrutura tutela provisória de urgência. Aqui, o primeiro problema é identificar se cabe à parte a iniciativa para antecipação da tutela ou se o juiz tem poder

---

15. MITIDIERO, Daniel. *Antecipação da tutela*: da tutela cautelar à técnica antecipatória. 3. ed. São Paulo: Revista dos Tribunais, 2017. p. 31.
16. Tanto a tutela cautelar quanto a satisfativa podem ser prestadas de forma antecipada. Enquanto a cautelar antecipada assegura a possibilidade de fruição futura do direito acautelado, a tutela satisfativa antecipada, via técnica antecipatória, pode ser preventiva (impedindo a prática, a reiteração ou a continuação de um ilícito) ou repressiva (remove um ilícito, repara um dano, ressarce). (MITIDIERO, Daniel. *Antecipação da tutela*: da tutela cautelar à técnica antecipatória. 3. ed. São Paulo: Revista dos Tribunais, 2017. p. 65).
17. MITIDIERO, Daniel. *Antecipação da tutela*: da tutela cautelar à técnica antecipatória. 3. ed. São Paulo: Revista dos Tribunais, 2017. passim.

para antecipar a tutela de ofício no processo civil. Sobre o tema, é inquestionável que a parte interessada tem legitimidade para requerer a antecipação, seja ela satisfativa, seja ela cautelar. Nessa linha, o litisconsorte e o assistente litisconsorcial também possuem essa legitimidade. O denunciante pode pedir a técnica antecipatória contra o denunciado. A parte demandada também pode requerer a antecipação da tutela, especialmente nas ações dúplices, nas quais todos que participam da relação jurídica podem acionar e ser acionados. As ações de família têm exemplos nessa linha, tal como o pedido de majoração de alimentos oferecido pelo filho réu em ação de oferta de alimentos ajuizada por um dos genitores. Ainda, a doutrina admite o pedido de antecipação pelo réu que pede a declaração de inexistência do direito afirmado pelo demandante, se estiverem presentes circunstâncias que apontem para que o autor praticará atos que impedirão o réu de praticar ato que entende legítimo.

A doutrina, de modo geral, nega a possibilidade de o juiz antecipar a tutela jurisdicional de ofício. Excepcionalmente, alguns autores como Bedaque[18] e Galeno Lacerda[19] entendiam que era possível conceder cautelar de ofício, por conta do entendimento de que a cautelar deriva do interesse público e busca preservar a utilidade do processo.[20] Com a proposta de atualizar a discussão à luz do Código de Processo Civil de 2015, Mitidiero defende que, com a passagem do modelo dispositivo para o modelo cooperativo, nada impede que o magistrado exerça a consulta à parte que poderá se beneficiar pela antecipação da tutela. Com isso, equilibra-se a iniciativa judicial, inspirada na promoção da igualdade entre os litigantes e à adequação da tutela jurisdicional, e o respeito à liberdade da parte, que pode não ter interesse em fruir de decisão provisória ao longo do procedimento, mormente em face do regime de responsabilidade civil inerente à tutela sumária.[21]

Os requisitos previstos pelo Código de Processo Civil para a concessão da antecipação fundada em urgência são a probabilidade do direito, perigo de dano ou risco ao resultado útil do processo (art. 300 do CPC). Por probabilidade do direito deve-se compreender que o legislador determina uma análise com base em cognição sumária. A sumariedade é caracterizada pela incompletude material da cognição da causa e não se confunde, aqui, com a sumariedade procedimental, que pode abreviar o processo. Cognição sumária importa em juízos de probabilidade, seja porque o contraditório ainda não se formou, seja porque ainda não foram produzidas nos autos todas as provas necessárias para esclarecimento integral do litígio. Isso não significa, porém, que a concessão da antecipação da tutela só possa ocorrer enquanto o processo não

---

18. BEDAQUE, José Roberto dos Santos. *Tutela cautelar e tutela antecipada*: tutelas sumárias e de urgência (tentativa de sistematização). 4. ed. São Paulo: Malheiros, 2006. p. 385.
19. LACERDA, Galeno. *Comentários ao Código de Processo Civil*. 7. ed. Rio de Janeiro: Forense, 1998. 8 v. Tomo 1. p. 77-120.
20. Mais recentemente, MAZINI, Paulo Guilherme Ribeiro da Rosa. *Tutela da evidência*: perfil funcional e atuação do juiz à luz dos direitos fundamentais do processo. São Paulo: Almedina, 2020.
21. MITIDIERO, Daniel. *Antecipação da tutela*: da tutela cautelar à técnica antecipatória. 3. ed. São Paulo: Revista dos Tribunais, 2017. p. 110.

estiver maduro para julgamento. Ocorre que a urgência pode determinar cognição *prima facie* dos elementos constantes dos autos por parte do órgão jurisdicional a fim de conceder antecipação de tutela em outros momentos processuais, inclusive em sede recursal. Nesses casos, a antecipação é fundada não em cognição sumária, mas em cognição exauriente não definitiva.

Sumária ou exauriente não definitiva, a cognição deve identificar a probabilidade do direito. Essa probabilidade significa dizer que a proposição da parte corresponde, em determinada medida, à verdade. Ou seja, a alegação deve corresponder a uma alegação concreta com elementos suficientes para torná-la correspondente à realidade. Justifica-se este ponto pela escolha do Código de Processo Civil por não utilizar a expressão verossimilhança, que pode ser definida como "o que normalmente acontece". A verossimilhança não é suficiente para a antecipação da tutela, mas sim a probabilidade, no sentido de que as alegações devem ser provadas.

Outro tema que deve ser considerado é a previsão legal de que a tutela satisfativa não será concedida quando houver perigo de irreversibilidade dos efeitos da decisão (art. 300, § 3º, do CPC). Para bem compreender essa previsão, é preciso distinguir a irreversibilidade do provimento (expressão do CPC/73) da irreversibilidade de seus efeitos. Pela natureza da tutela satisfativa concedida pela técnica antecipatória, os provimentos por ela concedidos são reversíveis, pois são provisórios e revogáveis. Em outras palavras, não são definitivos. Assim, o requisito negativo do Código de 1973 era ineficaz. Por essa razão, o texto do novo Código fala na irreversibilidade dos efeitos da decisão.

A técnica antecipatória pode dar azo à prolação de provimentos cujos efeitos não são reversíveis. Mas não é nesse sentido que a determinação legal deve ser compreendida. O sentido em que se deve compreender a regra do legislador é o de que a irreversibilidade dos efeitos concerne apenas à impossibilidade de retorno ao status quo anterior. Ainda assim, essa vedação deve ser compreendida na perspectiva da dinâmica interação entre a ação e a defesa, de modo que a vedação legal pode ser excepcionada diante das circunstâncias do direito material.

3.2.2 *Funções da tutela de urgência*

A função da antecipação é viabilizar à parte imediata segurança da tutela do direito ou sua imediata realização. Os fundamentos para a concessão da antecipação da tutela são urgência e evidência (art. 294 do CPC). Pela urgência, a antecipação pode conservar o direito ou permitir a fruição imediata. Pela evidência, a técnica antecipatória permite a fruição imediata do direito. Recorde-se, porém, que o fundamento geral da antecipação é o equacionamento do tempo no processo.

Para definir a urgência, o Código de Processo Civil se refere a perigo de dano ou risco ao resultado útil do processo e grave dano de difícil ou incerta reparação (art. 300 do CPC). Mitidiero propõe que o fundamento para a concessão da antecipação da tutela fundada na urgência é apenas o perigo na tardança, também denominado de *periculum in mora*.[22] Isso ocorre porque cabe à parte, para obter a tutela sumária, demonstrar que a integridade do direito que pretende preservar ou fruir é incompatível com o tempo que o processo consome naturalmente para o amadurecimento da decisão final. Por isso, a tardança é conceito processual que visa a viabilizar a proteção imediata contra o perigo de infrutuosidade ligado ao plano do direito material e, portanto, à tutela do direito. Trata-se de conceito ligado à noção de dano marginal[23] do processo, ou seja, aquele provocado pela simples duração do processo.

De nada adianta conceber a técnica antecipatória se esta não estiver voltada para a efetivação do direito material. Por conta disso, é necessário perceber que a imediata realização do direito pode ocorrer de diferentes maneiras. Assim, a tutela pode ser direcionada contra o ilícito, isto é, contra o ato contrário à ordem jurídica. Nessas hipóteses, a técnica antecipatória pode viabilizar tutela inibitória ou tutela de remoção do ilícito. Inibitória é a tutela preventiva contra o ilícito que visa a evitar a prática, a reiteração ou a continuação de um ato ilícito. A remoção do ilícito é a tutela repressiva contra o ilícito e objetiva remover a causa ou os efeitos do ato ilícito já praticado.

Além disso, a tutela do direito pode ser direcionada contra o dano. Aqui, a técnica antecipatória pode ensejar tutela reparatória ou tutela ressarcitória. Como modalidades de tutelas repressivas, a reparatória visa a composição do dano na forma específica, enquanto a ressarcitória visa sua composição pelo equivalente monetário.

Por fim, cabe também recordar que a tutela pode ser cautelar, a qual se prende à possibilidade de a tutela reparatória ou ressarcitória tornar-se de impossível realização futura. Como modalidade de tutela voltada apenas à repressão do dano, ela intende apenas a conservação dos direitos para realização futura diante de um perigo de dano.

Tanto a tutela satisfativa quanto a cautelar são atípicas. Por essa razão, o legislador do Código de Processo Civil indica que é possível obter toda e qualquer medida destinada à asseguração do direito na forma provisória. Assim, pode o juiz empregar qualquer meio lícito para efetivação das tutelas pretendidas (tradicionalmente denominado de poder geral de cautela). De todo modo, para não deixar dúvida a respeito da vigência das cautelares típicas do Código de 1973, o art. 301 ainda faz menção aos meios tradicionais, como o arresto.

Compreendido o tema sob o ponto de vista do direito material, cabe analisá-lo pela via processual. Uma vez identificado o direito a ser protegido e a modalidade

---

22. MITIDIERO, Daniel. *Antecipação da tutela*: da tutela cautelar à técnica antecipatória. 3. ed. São Paulo: Revista dos Tribunais, 2017. p. 154.
23. Ver, por exemplo, CABRAL, Antonio do Passo. A duração razoável do processo e a gestão do tempo no projeto de novo Código de Processo Civil. In: FREIRE, Alexandre et al. *Novas tendências do processo civil*. Salvador: JusPodivm, 2013. p. 72-97.

adequada de tutela, o pedido deve ser feito pela via jurisdicional. As formas de tutela jurisdicional podem ser classificadas em tutelas autossuficientes e não autossuficientes. O critério, aqui, é a necessidade ou não de atos posteriores para a efetivação e integral realização do direito enunciado. Pela doutrina clássica, são autossuficientes as decisões declaratórias e constitutivas; são não autossuficientes as decisões condenatórias, mandamentais e executivas lato sensu. É através dessas formas de tutela jurisdicional que as tutelas dos direitos serão viabilizadas no processo. Neste sentido, a antecipação é compatível com qualquer forma de tutela jurisdicional, desde que coerente com a proteção do direito material em questão.

Para dar conta da efetivação da tutela, dispõe o Código que o juiz poderá determinar todas as medidas que considerar adequadas para a efetivação da tutela provisória (art. 297 do CPC). Ainda, diz que essa efetivação deve observar as normas referentes ao cumprimento provisório da sentença, no que couber. O sistema atual de efetivação das decisões é composto por técnicas processuais típicas e atípicas, nos termos do art. 139, IV, do Código. Dentro desse sistema, são admitidas técnicas sub-rogatórias e coercitivas, além de haver previsão de meios sancionatórios para punir o comportamento contrário às decisões judiciais. Há, nos termos de Luiz Guilherme Marinoni, poder geral de execução, e não apenas poder geral de cautela, respeitada sempre a opção pelo meio menos gravoso.[24]

Como a antecipação pertence aos domínios da probabilidade, o emprego da técnica antecipatória implica assunção de riscos. A questão está em saber quem deve arcar com eventuais danos que esses riscos potencialmente produzem e sob quais pressupostos. O art. 302, do Código de 2015, disciplina a matéria. Seu texto aponta que a parte que obtete a antecipação é objetivamente responsável em relação à outra parte, em determinadas hipóteses. Assim, se o autor obtém a antecipação e não procede à citação do réu, ele será responsável. A previsão do inciso I, porém, deve ser melhor considerada, pois é incoerente transferir a responsabilidade para o autor que obteve, regularmente, a antecipação e que posteriormente foi revertida. Nesse caso, para preservar a relevância do juízo sumário, deve o réu provar dolo ou culpa do autor, ou seja, a responsabilidade é subjetiva. É esta, ao menos, a posição de Daniel Mitidiero.[25]

Registre-se, ao final, que pela análise do direito material, pode o juiz exigir caução real ou fidejussória idônea para ressarcir os danos que a outra parte possa vir a sofrer, podendo a caução ser dispensada se a parte economicamente hipossuficiente não puder oferecê-la (art. 300, § 1º, do CPC).

Como última observação, deixe-se claro que, como provimentos provisórios que são, as decisões de antecipação de tutela podem ser cassadas, revogadas, sus-

---

24. MARINONI, Luiz Guilherme. *Tutela específica*. São Paulo: Revista dos Tribunais, 2000.
25. MITIDIERO, Daniel. *Antecipação da tutela*: da tutela cautelar à técnica antecipatória. 3. ed. São Paulo: Revista dos Tribunais, 2017. p. 188.

pensas, modificadas ou substituídas na medida em que o magistrado tiver maior conhecimento da causa, ou seja, o aprimoramento de sua cognição. Do mesmo modo, essa modificação pode derivar das necessidades do direito material, o que já foi considerado quando se tratou da cláusula geral de execução. Ainda, podem as partes obter a suspensão ou a própria concessão da antecipação em sede recursal, desde que adotada a via de impugnação adequada.

Como se observa, a tutela provisória de urgência ocupa papel central na doutrina a respeito das decisões liminares. Sem qualquer dúvida, é a hipótese mais comum pelas quais são proferidas decisões sem a oitiva da parte contrária e, por isso, é a primeira via pela qual se recorre nas reflexões a respeito do tema. Ocorre, porém, que não se pode alegar urgência em um requerimento de divórcio, pois o requisito legal dificilmente será cumprido. Afinal, em um pedido comum de divórcio, o requisito legal do perigo de dano ou do risco ao resultado útil do processo não é presumido.[26] Isto faz com que a tutela de urgência, embora tenha muito a ensinar sob o ponto de vista da efetivação das medidas e dos fundamentos para sua concessão, não resolve a questão do divórcio liminar.

3.3 TUTELA DE EVIDÊNCIA

Já há algum tempo compartilha-se a ideia de Marinoni[27] de que as técnicas antecipatórias são voltadas para a distribuição do ônus do tempo do processo.[28] Seguindo, portanto, essa linha, tem-se como ponto de partida duas constatações a respeito da tutela de evidência. Em primeiro lugar, esta técnica dispensa a demonstração de perigo de dano ou de risco de dano ao resultado útil do processo. Esta afirmação decorre do próprio texto da lei[29], mas eventual confusão entre a tutela de evidência e os requisitos da tutela de urgência deve ser afastada desde logo.

---

26. Evidentemente, excluem-se aqui os casos em que há alguma urgência, tais como o interesse de uma das partes em constituir nova união com estrangeiro somado ao interesse de residir fora do país.
27. MARINONI, Luiz Guilherme. *Tutela de urgência e tutela da evidência*. 3. ed. São Paulo: Revista dos Tribunais, 2019. p. 272 e ss.
28. A tese da distribuição do tempo do processo e do dano marginal do processo são fundamentos centrais de PUGLIESE, William S. A tutela preventiva do dever alimentar. *Revista Jurídica Themis*, v. 19, p. 95-113, 2008.
29. Art. 311. A tutela da evidência será concedida, independentemente da demonstração de perigo de dano ou de risco ao resultado útil do processo, quando:
    I – ficar caracterizado o abuso do direito de defesa ou o manifesto propósito protelatório da parte;
    II – as alegações de fato puderem ser comprovadas apenas documentalmente e houver tese firmada em julgamento de casos repetitivos ou em súmula vinculante;
    III – se tratar de pedido reipersecutório fundado em prova documental adequada do contrato de depósito, caso em que será decretada a ordem de entrega do objeto custodiado, sob cominação de multa;
    IV – a petição inicial for instruída com prova documental suficiente dos fatos constitutivos do direito do autor, a que o réu não oponha prova capaz de gerar dúvida razoável.
    Parágrafo único. Nas hipóteses dos incisos II e III, o juiz poderá decidir liminarmente.

O segundo ponto, que é efetivamente constitutivo da tutela de evidência, é a de que se trata de "uma técnica processual destinada a viabilizar a tutela do direito do autor quando os fatos constitutivos do direito são incontroversos ou evidentes e a defesa é infundada, e, portanto, quando o exercício da defesa pode ser visto como abuso".[30] Dito de outra forma, nas palavras que dão título à obra de Rogéria Dotti, a tutela de evidência tem como fundamentos a probabilidade do direito e a defesa frágil.[31]

Compreendido o elemento central da tutela de evidência, retorna-se ao ponto que se afirmou no início deste tópico: a função do instituto é distribuir, adequadamente, o ônus do tempo do processo. O decurso do tempo não pode ser desprezado pelo processo e não deve ser atribuído exclusivamente ao autor, "como se este fosse o culpado pela demora inerente à investigação dos fatos".[32] A distribuição do tempo do processo, portanto, precisa ser compreendida como um ônus e, por consequência, deve ser distribuída entre as partes de forma isonômica.

Neste sentido, a primeira vez que se propôs, no procedimento comum, essa distribuição, foi pela redação dada ao art. 273, do Código de Processo Civil de 1973, pela Lei 8.952/1994. A regra exigia que a parte formulasse pedido, que houvesse prova inequívoca da verossimilhança da alegação e que ficasse "caracterizado o abuso de direito de defesa ou o manifesto propósito protelatório do réu", nos termos do inciso II. O texto da lei, de acordo com a doutrina[33], tutelava o decurso do tempo no processo, distribuindo-o adequadamente entre as partes, principalmente no que diz respeito à relação entre o exercício da defesa e o resultado provável do feito. O exemplo de Marinoni é significativo neste aspecto:

> Afigura-se completamente irracional obrigar o autor a sofrer com a demora quando, por exemplo, os fatos constitutivos são provados por meio de documento e o réu apresenta defesa de mérito indireta infundada que exige dilação probatória. Para que impere a igualdade no processo é preciso que o tempo seja isonomicamente distribuído entre os litigantes. O tempo deve ser repartido no procedimento de acordo com o índice de probabilidade de que o autor tenha direito ao bem disputado. Esta probabilidade está associada à evidência do direito do autor e à fragilidade da defesa do réu. Quando o direito do autor é evidente e a defesa do réu carece de seriedade, surge a tutela da evidência como técnica de distribuição do ônus do tempo do processo, pois de outra forma uma defesa abusiva estará protelando a tutela jurisdicional do direito.[34]

---

30. MARINONI, Luiz Guilherme. *Tutela de urgência e tutela da evidência*. 3. ed. São Paulo: Revista dos Tribunais, 2019. p. 272.
31. DOTTI, Rogéria. *Tutela da evidência*: probabilidade, defesa frágil e o dever de antecipar a tempo. São Paulo: Revista dos Tribunais, 2020.
32. MARINONI, Luiz Guilherme. *Tutela de urgência e tutela da evidência*. 3. ed. São Paulo: Revista dos Tribunais, 2019. p. 272.
33. Destaca-se, também, FUX, Luiz. *Tutela de segurança e tutela da evidência*. São Paulo: Saraiva, 1996.
34. MARINONI, Luiz Guilherme. *Tutela de urgência e tutela da evidência*. 3. ed. São Paulo: Revista dos Tribunais, 2019. p. 274-275.

A tutela de evidência, portanto, está intrinsecamente ligada à distribuição do ônus do tempo do processo. Ou melhor, o dever de melhor distribuição do ônus do tempo do processo é o que fundamenta a tutela de evidência. Esta inversão do argumento será retomada adiante. Por ora, importa compreender o instituto em análise com maior profundidade.

A compreensão tradicional a respeito do processo de conhecimento, especialmente o procedimento comum, é a de que o autor deve provar os fatos constitutivos do direito que alega possuir, enquanto o réu deve provar fatos impeditivos, modificativos ou extintivos que afirma na contestação. Esta regra é expressamente prevista pelo art. 373, do Código de Processo Civil. No entanto, mais do que uma orientação subjetiva para as partes, a distribuição do ônus da prova também é uma regra objetiva de julgamento nos casos em que a carência de prova gera dúvida no magistrado.[35] Há, neste âmbito, espaços para alteração das regras do ônus da prova a cada caso, seja pela inversão, seja pela distribuição dinâmica (art. 373, § 1º, do CPC). Estas alterações estão ligadas ao elemento subjetivo do ônus da prova.

O que deve ser compreendido, no entanto, é que da mesma forma que o ônus da prova admite alterações no campo subjetivo, pode haver alterações sob o ponto de vista do tempo necessário para a produção da prova. Mais uma vez, recorre-se à tese de Marinoni: "se o ônus da prova dos fatos litigiosos deve ser repartido entre o autor e o réu na medida do que estes alegam, cabe indagar se o tempo para a produção da prova também não deve ser repartido de acordo com a mesma regra".[36] Dito de modo mais claro, a pergunta formulada por Marinoni é se, enquanto o réu busca provar o fato impeditivo, modificativo ou extintivo do direito, não há racionalidade em forçar o autor a pagar pelo tempo necessário para a produção dessas provas. Marinoni arremata: "essa questão, de grande relevância para a realização do princípio da efetividade e do princípio chiovendiano de que o processo não pode prejudicar o autor que tem razão, está à base da tutela da evidência".[37]

Sob esta ótica, se o fato constitutivo é incontroverso, não há razão para obrigar o autor a esperar o tempo necessário à produção da prova dos fatos cujo ônus de provar é do réu.[38] Em um caso como este, o autor já se desincumbiu do ônus da prova e a demora do processo é resultado exclusivo da postura do réu. O magistrado, neste cenário, já tem cognição exauriente a respeito das alegações do autor. Ou seja,

---

35. MARINONI, Luiz Guilherme; ARENHART, Sérgio Cruz; MITIDIERO, Daniel. *Curso de processo civil*: tutela dos direitos mediante procedimento comum. 6. ed. São Paulo: Revista dos Tribunais, 2020. v. 2. p. 310. Ver BRASIL. Superior Tribunal de Justiça. REsp: 422778 SP 2002/0032388-0. Relator: Min. Castro Filho. Julgamento: 19 jun. 2007. Órgão Julgador: Terceira Turma. Publicação: DJ 27 ago. 2007 p. 220.
36. MARINONI, Luiz Guilherme. *Tutela de urgência e tutela da evidência*. 3. ed. São Paulo: Revista dos Tribunais, 2019. p. 280.
37. MARINONI, Luiz Guilherme. *Tutela de urgência e tutela da evidência*. 3. ed. São Paulo: Revista dos Tribunais, 2019. p. 280.
38. Esta afirmação, muitas vezes, aproxima a tutela da evidência ao tema do divórcio liminar. A questão será examinada adiante.

nessa conformação, o passar do tempo beneficia o réu – e apenas o réu. A alteração do procedimento, por meio da antecipação da realização do direito ao autor, nesses casos, é medida de isonomia na distribuição do ônus do tempo no processo. Aplicada essa técnica, o réu teria o direito de produzir a prova suportando o ônus do tempo.

A tutela de evidência, porém, não se limita à prova dos fatos constitutivos alegados pelo autor. Há que se analisar a defesa apresentada. A primeira hipótese exige que a defesa de mérito indireta tenha duas características: não pode se basear em prova documental – pois o decurso do tempo irrazoável para o autor decorre justamente da necessidade de produção de outras provas –; as alegações que dão origem à produção de provas devem ser infundadas. Esta análise deve ser realizada pelo magistrado, em cognição sumária e parcial a respeito das alegações do réu.

Outra hipótese é a que os fatos constitutivos demonstrados pelo autor são postos em dúvida por uma defesa direta inconsistente. Dito de outra forma, é o caso em que o réu contesta os fatos constitutivos sem fundamento relevante. Aqui, a dilação da produção probatória envolve o fato constitutivo, mas a probabilidade de alteração da conclusão formada pela prova é baixa em virtude da argumentação oferecida pelo réu. Nesta hipótese também é recepcionada a prova emprestada, questionada em novo processo com fundamento inconsistente pelo réu.[39] Ademais, importante ressaltar que a correta distribuição do ônus do tempo no processo está intimamente ligada ao princípio da cooperação, estampado no art. 6º, do CPC. Segundo este dispositivo, os sujeitos processuais devem colaborar entre si para que se obtenha, em tempo razoável, decisão de mérito justa e efetiva. Isto significa, em outras palavras, que não somente autor e réu devem cooperar para o bom andamento do processo, senão também o juiz deve assim fazê-lo. Dessa forma, a concessão de tutela de evidência deve ser lida, sobretudo, como uma ferramenta de que o magistrado dispõe para regular eventuais excessos prejudiciais à efetiva tutela do direito do autor. Caso dela não utilize quando necessário, estará ele ofendendo o princípio da cooperação.

Apresentada a visão geral a respeito da tutela de evidência, passa-se a examinar as quatro hipóteses em que o Código de Processo Civil admite sua concessão. Trata-se do já citado art. 311, mais especificamente seus quatro incisos. O primeiro trata de abuso do direito de defesa ou de manifesto propósito protelatório da parte. Como é de se presumir, o abuso ou o propósito protelatório acresce tempo à duração do processo. Como explica Rogéria Dotti, "ao tempo fisiológico e natural do procedimento acrescenta-se a espera decorrente de incidentes maliciosos e atos processuais que se desvirtuam de suas normais finalidades.[40] O ponto central deste inciso é a conduta abusiva da parte.

---

39. MARINONI, Luiz Guilherme. *Tutela de urgência e tutela da evidência*. 3. ed. São Paulo: Revista dos Tribunais, 2019. p. 282.
40. DOTTI, Rogéria. *Tutela da evidência*: probabilidade, defesa frágil e o dever de antecipar a tempo. São Paulo: Revista dos Tribunais, 2020. p. 236.

O abuso, neste caso, é processual.⁴¹ Trata-se da prática de atos processuais com finalidades espúrias, para protelar a solução do litígio ou prejudicar a correta apreciação judicial a respeito do caso. Em síntese, "a defesa é abusiva quando deixa de manter uma relação instrumental apropriada entre o ato processual e os fins ou efeitos dele extraídos".⁴² Outra hipótese de abuso, examinada sob o ponto de vista geral da tutela de evidência, é a defesa não séria ou inconsistente. Constatadas essas hipóteses sob a perspectiva da defesa e a probabilidade do direito pleiteado pelo autor, cabe a concessão da tutela de evidência, nos termos do art. 311, I, do CPC.

O inciso II, do art. 311, permite a concessão de tutela de evidência se as alegações de fato puderem ser comprovadas apenas documentalmente e houver tese firmada em julgamento de casos repetitivos ou em súmula vinculante. A doutrina aponta incorreção na regra, uma vez que os precedentes incidem sobre questão de direito, enquanto a tutela de evidência está ligada à comprovação dos fatos.⁴³ Como a própria autora citada procura demonstrar, porém, há uma razão de ser na redação do inciso II. A partir do que se compreende por precedente⁴⁴ e, em especial, a respeito de seus efeitos, a maior relevância da regra do inciso II é sobre a definição de uma defesa protelatória, não séria ou inconsistente. Ou seja, para casos em que há precedente, firmado a partir de fatos semelhantes e estabelecendo um determinado entendimento a respeito do direito aplicável ao caso, a argumentação contrária ao precedente deve alegar fato relevante ou tese jurídica que suscite, no juízo, a intenção de superar o precedente. Em outras palavras, a existência de tese firmada em julgamento de casos repetitivos, em súmulas vinculantes ou mesmo em outros precedentes dos tribunais superiores⁴⁵ aumenta o número de defesas frágeis. Acolhe-se, portanto, a crítica de Dotti no sentido de que não é o precedente que impõe a concessão de tutela de evidência. O precedente reduz as defesas possíveis e amplia o conjunto de casos em que há probabilidade do direito alegado pelo autor.⁴⁶

Pelo art. 311, III, o legislador alterou o tratamento da ação de depósito. De procedimento especial, o pedido de reipersecussão de bem passou a ser previsto como hipótese de tutela de evidência. O Código, em verdade, explicita a interpretação de

---

41. ABDO, Helena. *O abuso do processo*. São Paulo: Revista dos Tribunais, 2007.
42. DOTTI, Rogéria. *Tutela da evidência*: probabilidade, defesa frágil e o dever de antecipar a tempo. São Paulo: Revista dos Tribunais, 2020. p. 237.
43. DOTTI, Rogéria. *Tutela da evidência*: probabilidade, defesa frágil e o dever de antecipar a tempo. São Paulo: Revista dos Tribunais, 2020. p. 237.
44. PUGLIESE, William S. *Precedentes e a civil law brasileira*. São Paulo: Revista dos Tribunais, 2016; PUGLIESE, William S. *Princípios da jurisprudência*. Belo Horizonte: Arraes, 2017.
45. Para Mitidiero, o inciso II parece ter dito menos do que pretendia, uma vez que restringe as hipóteses de tutela de evidência às súmulas vinculantes e aos julgamentos de casos repetitivos. (MITIDIERO, Daniel. *Antecipação da tutela*: da tutela cautelar à técnica antecipatória. 3. ed. São Paulo: Revista dos Tribunais, 2017. p. 160).
46. *A contrario sensu*, tem-se o julgamento liminar de improcedência com fundamento em pedido que contraria precedente. Se a parte autora alega que os fatos são distintos, há que se reconhecer o direito à prova e, portanto, o processo deve ser instruído. Se a situação é idêntica e a tese é contrária ao pedido do autor, aplica-se a regra do julgamento liminar.

que em situações de direito material como a do contrato de depósito, a existência de prova documental (contrato de depósito) é elemento de convicção forte o suficiente para transferir o ônus do tempo do processo ao réu, mesmo antes deste apresentar defesa (art. 9º, II, e 311, p. único, CPC). A lógica parece ser a de que a prova documental, neste caso, é tão forte que há evidência suficiente para justificar a concessão da tutela imediatamente.

O último inciso do art. 311 retoma a tese da própria tutela de evidência. Cabe tutela de evidência quando a petição inicial for instruída com prova documental suficiente dos fatos constitutivos do direito do autor, a que o réu não oponha prova capaz de gerar dúvida razoável. A regra remete à explicação de Marinoni sobre a necessidade de se tutelar o ônus do tempo do processo em face de uma defesa inconsistente.

Como pode ser verificado, não há, no Código, uma previsão expressa que permita a concessão de divórcio por meio de tutela de evidência. O que chama a atenção, porém, é a permissão da lei para o emprego da técnica de forma liminar, nas hipóteses dos incisos II e III, por força do parágrafo único do art. 311. Este tema merece atenção especial.

Pela leitura superficial dos incisos II e III, do art. 311, não se verifica qualquer elemento comum. No entanto, o parágrafo único do mesmo dispositivo parece ter alguma razão para tratá-los em conjunto. Mais do que isso, o art. 9º, inc. II, do CPC, também oferece o mesmo raciocínio. Para preservar a coerência do sistema processual, é necessário investigar o que une as duas regras.

A resposta parece estar ligada ao que se pode denominar de alto grau de evidência. Em ambas as situações, está-se diante de algo que é muito próximo de uma cognição exauriente, de modo que o processo dependa da defesa do réu como um requisito de legitimação da decisão definitiva. É, portanto, uma hipótese de contraditório diferido na qual o réu é ouvido em atenção aos direitos fundamentais do contraditório e da ampla defesa, mas no qual as probabilidades de alteração da decisão definitiva são extremamente baixas. Nesse sentido, vale dizer, a tutela de evidência não é pensada apenas como instituto que decorre das provas produzidas, mas do grau de convicção que as provas geram no magistrado. Ou melhor, esse alto grau de convicção decorre da relação entre as provas já produzidas e o direito aplicável à espécie.

Veja-se que, pela análise do art. 311, há duas hipóteses de tutela de evidência que somente podem ser concedidas após a defesa do réu. A primeira, que se refere ao abuso do direito de defesa ou ao manifesto propósito protelatório da parte; a segunda, na qual há prova documental suficiente dos fatos constitutivos alegados pelo autor a qual o réu não oponha prova capaz de gerar dúvida razoável. De fato, nestas duas hipóteses, a evidência suficiente para justificar a concessão da tutela surge após a análise das provas e das alegações feitas por autor e réu. Seria impossível conceber essas duas situações, que têm na descrição legal a participação do réu, como permissivas de concessão liminar.

O que distingue os incisos II e III, por sua vez, é que em ambos o Código de Processo Civil reconhece a possibilidade de concessão da tutela de evidência liminar quando há prova suficiente dos fatos constitutivos alegados pelo autor e alta probabilidade do direito. Dito de outro modo: se as chances do réu se contrapor ao pedido do autor são mínimas, cabe a ele suportar o ônus do tempo do processo. A esta conclusão se chega pela análise sistemática das regras mencionadas. Nos termos do inciso II, as alegações de fato já estão comprovadas e há "tese firmada em julgamento de casos repetitivos ou em súmula vinculante". Nota-se que o Código optou, aqui, por reduzir as referências aos tipos de precedente e indicou apenas os que a própria lei considera mais fortes (ou vinculantes). Apesar de se concordar com Mitidiero no sentido de que o dispositivo poderia ter indicado outras espécies de precedente, não se pode presumir, em uma interpretação sistemática, que a omissão foi deliberada. O que isto quer dizer é que, para o legislador, a existência de tese firmada em julgamentos de casos repetitivos ou em súmula vinculante forma um entendimento cuja alteração é absolutamente improvável. Assim, se o autor demonstrar, com provas documentais, que os fatos do caso são semelhantes aos do precedente, a probabilidade do direito lhe ser concedido é tamanha que o magistrado pode acolher o pedido de tutela de evidência de ofício.

O inciso III reforça essa conclusão. A situação de direito material é o que, neste caso, permite a concessão da tutela. Nos casos de pedido reipersecutório fundado em prova documental adequada do contrato de depósito não se cogita defesa razoável que impeça o autor de reaver o bem. O réu pode, sem dúvida, oferecer defesa indireta e até mesmo reconvenção, a fim de cobrar valores devidos pelo autor, mas não pode reter o bem depositado.[47] Sob o ponto de vista do direito material, portanto, o pedido principal tem altíssima chance de ser concedido porque há um conjunto de provas que geram convicção e forte probabilidade do direito.

Retorna-se, com isso, à raiz da tutela de evidência. É preciso distribuir o ônus do tempo do processo. Se o autor demonstra, sob o ponto de vista fático e jurídico, a evidência do direito alegado e o réu não é capaz de oferecer oposição razoável, o ônus do tempo do processo deve ser invertido. De acordo com o Código de Processo Civil, há dois níveis distintos dessa evidência. De um lado, a evidência que depende da análise da defesa do réu. De outro, tem-se a evidência que dispensa manifestação do réu e pode ser concedida de forma liminar. Esta constatação é relevante para que se compreenda que, mesmo sem urgência, há hipóteses reconhecidas pela legislação que autorizam a decisão liminar. O divórcio, porém, não foi expressamente previsto

---

47. A exceção, aqui, é para os casos de contrato de depósito oneroso, nos quais o depositário poderá reter o bem até que lhe seja paga a retribuição devida. A regra está prevista no art. 644, do Código Civil.

pela lei, no art. 311. A questão será retomada adiante, mas as constatações realizadas até aqui são extremamente relevantes.

Concluída a análise da tutela da evidência, passa-se agora a um conjunto de considerações a respeito dos julgamentos liminar de improcedência e antecipado parcial do mérito.

3.4 JULGAMENTO LIMINAR DE IMPROCEDÊNCIA E JULGAMENTO ANTECIPADO PARCIAL DO MÉRITO

Com uma lógica semelhante à tutela de evidência, nas causas que dispensem a fase instrutória e o pedido contrariar orientação jurisprudencial consolidada ou diante da ocorrência de decadência ou de prescrição, poderá ser dispensada a citação e o magistrado pode sentenciar o mérito. Como destacam Cambi, Dotti, Pinheiro, Martins e Kozikoski, a técnica processual consagrada no art. 332, do Código de Processo Civil, pretende racionalizar o julgamento de processos repetitivos, suprimindo o contraditório e promovendo a duração razoável do processo.[48]

São três, portanto, as hipóteses de incidência do julgamento liminar de mérito (art. 356 do CPC). A primeira, quando a causa dispense a fase instrutória e o pedido contrariar orientação jurisprudencial consolidada. Nesta hipótese, afirma-se que a questão deve ser unicamente de direito, também compreendida como causas que dispensam a análise e a prova dos fatos. A questão exclusivamente de direito recai sobre a interpretação das regras e dos princípios jurídicos aplicáveis a fatos incontroversos: "não se pergunta se e como o fato aconteceu, mas quais são as suas repercussões jurídicas".[49]

Sendo a questão unicamente de direito, deve o julgador avaliar se há enunciado de súmula do STF ou do STJ; acórdão proferido pelo STF ou pelo STJ em julgamento de recursos repetitivos; entendimento firmado em incidente de resolução de demandas repetitivas ou de assunção de competência ou enunciado de súmula de tribunal de justiça sobre direito local. Se o pedido formulado pelo autor contrariar um dos entendimentos consolidados por estas vias, o pedido será julgado liminarmente improcedente. Esta solução adotada pelo Código é tida como uma opção pela preservação da segurança jurídica.

As outras duas hipóteses de julgamento liminar de improcedência decorrem da constatação, pelo magistrado, de prescrição ou decadência. Embora estejam relacionadas com o mérito da causa, a contagem dos prazos prescricional e decadencial não é matéria que demande ampla produção probatória. Deste modo, desde que

---

48. CAMBI, Eduardo et al. *Curso de processo civil completo*. 2. ed. São Paulo: Revista dos Tribunais, 2019. p. 403-404.
49. CAMBI, Eduardo et al. *Curso de processo civil completo*. 2. ed. São Paulo: Revista dos Tribunais, 2019. p. 404.

respeitado o princípio da vedação da decisão surpresa[50], pode o magistrado constatar, com cognição exauriente, o decurso de um desses prazos.

O exame, ainda que superficial, do julgamento liminar de improcedência reforça a conclusão parcial do item anterior. Há causas em que o conhecimento da matéria, pelo juiz, ocorre de forma plena com o recebimento da petição inicial. A tutela de evidência privilegia o autor, enquanto o julgamento liminar de improcedência favorece o réu. Ambas, porém, são medidas concebidas a partir da necessidade de distribuição isonômica do ônus do tempo do processo e operam com causas nas quais a questão de mérito é evidente ou em que a questão é unicamente de direito – ou seja, em que não há necessidade de dilação probatória.

O julgamento antecipado parcial do mérito, por sua vez, é técnica prevista pelo art. 356, do Código de Processo Civil. Decorre, em primeiro lugar, da técnica do julgamento antecipado do mérito, que permite ao magistrado acolher ou rejeitar o pedido quando não houver necessidade de produção de outras provas ou quando o réu for revel e ocorrer o efeito de presunção de veracidade dos fatos alegados pelo autor (art. 355, CPC).[51]

O julgamento antecipado parcial do mérito explora ainda mais essas possibilidades. Vale dizer, desde logo, que a ideia de julgamento antecipado parcial é uma forma de "fracionamento da solução do mérito".[52] Em outras palavras, pode o juiz julgar, em definitivo, um dos pedidos, mais de um dos pedidos ou parte de um dos pedidos, desde que sobre eles haja incontrovérsia ou condições de solução imediata, de acordo com o art. 356, do Código de Processo Civil. Após o julgamento antecipado parcial, a outra parcela do feito será submetida à instrução probatória. Os exemplos de Wambier e Talamini são bastante ilustrativos para demonstrar o cabimento dessa técnica:

> Tal fatiamento do mérito pode ocorrer em relação a um ou alguns dos vários pedidos formulados na ação, na reconvenção ou em outras demandas incidentais (como é o caso da denunciação da lide). Por exemplo, o autor formula três pedidos na inicial – e dois deles, por ocasião do julgamento conforme o estado do processo, não apresentam nenhuma controvérsia quanto aos fatos que os embasam, havendo necessidade de provas apenas relativamente ao terceiro pedido. Outro exemplo: as provas documentais reunidas nos autos já são suficientes para elucidar os fatos relevantes para o julgamento do pedido feito pelo autor, sendo necessária somente instrução probatória relativamente ao suporte fático da reconvenção que o réu formulou.
>
> Mas o fatiamento pode ainda incidir sobre uma única pretensão formulada, na medida em que ela seja fracionável, decomponível. Por exemplo, o autor pede a condenação do réu ao paga-

---

50. Aplica-se, à hipótese, o art. 487, p. único, do CPC.
51. Wambier e Talamini também reconhecem que há julgamento antecipado pela aplicação do art. 354, sendo inexplicável a enumeração das hipóteses em dois artigos distintos. (WAMBIER, Luiz Rodrigues; TALAMINI, Eduardo. *Curso avançado de processo civil*. 19. ed. São Paulo: Revista dos Tribunais, 2019. v. 2. p. 202).
52. WAMBIER, Luiz Rodrigues; TALAMINI, Eduardo. *Curso avançado de processo civil*. 19. ed. São Paulo: Revista dos Tribunais, 2019. v. 2. p. 202.

mento de um milhão de reais, e o réu desde logo reconhece a procedência de duzentos mil reais, defendendo-se quanto ao resto.[53]

A decisão que julga antecipadamente o mérito é interlocutória, já que não encerra a fase de cognição. Contra ela cabe o recurso de agravo de instrumento. Apesar disso, essa decisão interlocutória pode transitar em julgado e forma coisa julgada material, tanto que o próprio Código de Processo Civil de 2015 admite a execução definitiva da decisão de julgamento antecipado parcial de mérito não mais sujeita a recurso (art. 356, § 3º, CPC).

O julgamento antecipado parcial do mérito foi recebido pela doutrina como consequência do debate doutrinário a respeito dos capítulos de sentença.[54] Em geral, a técnica é vista como positiva, na medida em que permite ao magistrado organizar a distribuição do tempo do processo e resolver o mérito com duração razoável. Apesar disso, não há propostas no sentido de ampliação do instituto, considerando-se os requisitos de incontrovérsia ou de condição de solução imediata como conceitos que surgem somente após a defesa do réu. Chama a atenção, porém, o fato de que, no julgamento antecipado parcial do mérito, a decisão proferida é definitiva e forma coisa julgada material. Ou seja, trata-se de uma decisão definitiva, ao contrário das decisões oriundas das técnicas de tutela provisória examinadas anteriormente.

Retomando o tema do divórcio liminar, tem-se que o julgamento liminar de improcedência não é medida adequada, pois o que o autor almeja ao requerer o divórcio é a concessão da medida. O julgamento antecipado parcial do mérito, à primeira vista, não pode ser concedido por liminar, uma vez que depende da análise da defesa do réu para que seja efetivamente aplicado em um determinado processo. No entanto, ambos contribuem para a compreensão do assunto justamente porque demonstram a preocupação do Código de Processo Civil com a distribuição do tempo. O julgamento conforme o estado do processo, especialmente, retornará ao centro das discussões no próximo capítulo.

3.5 PROCEDIMENTOS ESPECIAIS

Este tópico tem objetivo mais restrito: destacar a posição doutrinária de Didier Jr., Cabral e Carneiro da Cunha a respeito dos procedimentos especiais[55] e indicar a relação entre a proposta doutrinária dos autores com o tema aqui examinado. Mais especificamente, está-se a tratar do subtítulo da obra: dos procedimentos às técnicas. Como os autores destacam, desde o início, o objetivo da proposta é desenvolver uma teoria dos procedimentos especiais compatível com as transformações pelas quais

---

53. WAMBIER, Luiz Rodrigues; TALAMINI, Eduardo. *Curso avançado de processo civil*. 19. ed. São Paulo: Revista dos Tribunais, 2019. v. 2. p. 207.
54. DINAMARCO, Cândido Rangel. *Capítulos de sentença*. 7. ed. Salvador: JusPodivm, 2021.
55. DIDIER JR., Fredie; CABRAL, Antonio do Passo; CARNEIRO DA CUNHA, Leonardo. *Por uma nova teoria dos procedimentos especiais*: dos procedimentos às técnicas. 2. ed. Salvador: JusPodivm, 2021.

tem passado o procedimento comum nos últimos anos. Há, portanto, objetivos paralelos entre aquele texto e o que se intenciona produzir neste livro: incorporar transformações do direito material no processo. Registre-se, ainda, que a expressão é empregada no mesmo sentido de Didier Jr, Cabral e Carneiro da Cunha: procedimento especial "é todo aquele que não seja o procedimento comum previsto no CPC".[56]

Destacam os autores que os procedimentos especiais foram criados, ao longo do tempo, por diversos motivos. A razão mais frequente, porém, está ligada à efetividade do direito material. Estes procedimentos vêm dotados de técnicas diferenciadas, dentre as quais indicam as seguintes:

> (a) simplificação e agilização do trâmite processual, mediante a adoção de expedientes que permitissem a antecipação dos efeitos da tutela jurisdicional, reduzissem prazos e eliminassem atos desnecessários; (b) delimitação do tema que se poderia deduzir na petição inicial e na contestação; (c) explicitação dos requisitos materiais e processuais para que o procedimento especial pudesse ser utilizado.[57]

Este movimento de defesa da tutela diferenciada levou a um aumento dos procedimentos especiais na legislação.

Apesar da capacidade da doutrina de identificar as características dos procedimentos especiais e a intenção que levou a criação de muitos deles, uma dúvida permanece: "não há uma razão clara para que o legislador estabeleça procedimentos especiais".[58] A escolha pode ser política, ou por conveniência, de modo que buscar as razões para a introdução ou manutenção de um procedimento especial tem baixa utilidade dogmática. Mais do que isso, algumas previsões de "procedimento especial" pouco inovam em relação ao procedimento comum, o que reforça o caráter político de muitos deles. Os autores chegam ao ponto de comentar, especificamente sobre o tratamento das ações de família pelo CPC, que a especialização procedimental prevista pelos arts. 693 a 699 é pequena e que poderia ter sido incorporada como diferenciação no próprio procedimento comum.[59]

Isto levou os autores citados a propor uma nova teoria dos procedimentos especiais. Dentre as propostas, há a ideia de flexibilização procedimental. Fugindo da tradicional opção por um procedimento específico e rígido, o Código de Processo Civil permite a flexibilização do procedimento pelo juiz (arts. 139 e 327, § 2º, por exemplo) ou pelas partes (art. 190). Esta solução é muito mais interessante, uma vez que permite aos sujeitos envolvidos no processo conceber um procedimento

---

56. DIDIER JR., Fredie; CABRAL, Antonio do Passo; CARNEIRO DA CUNHA, Leonardo. *Por uma nova teoria dos procedimentos especiais*: dos procedimentos às técnicas. 2. ed. Salvador: JusPodivm, 2021. p. 21.
57. DIDIER JR., Fredie; CABRAL, Antonio do Passo; CARNEIRO DA CUNHA, Leonardo. *Por uma nova teoria dos procedimentos especiais*: dos procedimentos às técnicas. 2. ed. Salvador: JusPodivm, 2021. p. 27.
58. DIDIER JR., Fredie; CABRAL, Antonio do Passo; CARNEIRO DA CUNHA, Leonardo. *Por uma nova teoria dos procedimentos especiais*: dos procedimentos às técnicas. 2. ed. Salvador: JusPodivm, 2021. p. 27.
59. DIDIER JR., Fredie; CABRAL, Antonio do Passo; CARNEIRO DA CUNHA, Leonardo. *Por uma nova teoria dos procedimentos especiais*: dos procedimentos às técnicas. 2. ed. Salvador: JusPodivm, 2021. p. 28.

adequado e compatível com as características da causa em questão. Nas palavras dos autores, "os procedimentos especiais, para servirem ao propósito de adequação, devem ajustar-se, também, às necessidades das partes".[60]

A consequência dessa tese é o necessário rompimento com o paradigma da lei como fonte exclusiva da diferenciação procedimental. Ao mesmo tempo, reduz a rigidez formal e favorece um sistema de flexibilização de procedimentos, tornando o processo mais democrático, menos autoritário e voltado ao jurisdicionado.[61] Por outro lado, a flexibilização impõe a rejeição ou uma redução de relevância da tradicional ideia de taxatividade dos procedimentos especiais. O foco da doutrina e dos envolvidos no processo deve ser a eficiência.

Esta transição, dos rígidos procedimentos previstos em lei para a flexibilização, tem como escopo a ideia central que permeou todo este capítulo: a adoção de técnicas processuais adequadas para a tutela dos direitos. Neste sentido, segue a exposição de Didier Jr, Cabral e Carneiro da Cunha: "[a] solução parece não ser mais focar em procedimentos especiais, mas em técnicas especiais".[62] As passagens seguintes da obra merecem destaque:

> Esse foi o caminho do sistema processual brasileiro. Passou-se do direito ao procedimento especial ao direito à técnica processual especial, não necessariamente embutida num procedimento especial; ou do procedimento especial obrigatório à técnica processual especial obrigatória, que pode ser aplicada no próprio procedimento comum.
>
> De fato, parece ser mais adequado ao Direito Processual contemporâneo permitir a veiculação de uma pluralidade de técnicas processuais diferenciadas em um mesmo procedimento, seja este comum ou especial.

Deste modo, as técnicas processuais devem estar voltadas para a proteção efetiva do direito material. Uma dessas técnicas, bastante frequentes nos procedimentos especiais típicos, é a concessão de tutelas provisórias satisfativas. São os casos da ação monitória (art. 701, CPC), das ações possessórias (art. 562, CPC) e da ação de alimentos (art. 4º, Lei 5.478/68). Até o final do século XX, as tutelas provisórias satisfativas eram praticamente uma exclusividade dos procedimentos especiais. As reformas da década de 90 no Código de Processo Civil de 1973 e o novo Código de 2015 tornaram as tutelas provisórias satisfativas um instituto aplicável a todo procedimento comum. O que importa, aqui, é que a satisfatividade da tutela tem sido um elemento central na busca pelo aprimoramento do procedimento comum e dos procedimentos especiais. Neste sentido, a ausência de regra específica sobre

---

60. DIDIER JR., Fredie; CABRAL, Antonio do Passo; CARNEIRO DA CUNHA, Leonardo. *Por uma nova teoria dos procedimentos especiais*: dos procedimentos às técnicas. 2. ed. Salvador: JusPodivm, 2021. p. 91.
61. DIDIER JR., Fredie; CABRAL, Antonio do Passo; CARNEIRO DA CUNHA, Leonardo. *Por uma nova teoria dos procedimentos especiais*: dos procedimentos às técnicas. 2. ed. Salvador: JusPodivm, 2021. p. 92.
62. DIDIER JR., Fredie; CABRAL, Antonio do Passo; CARNEIRO DA CUNHA, Leonardo. *Por uma nova teoria dos procedimentos especiais*: dos procedimentos às técnicas. 2. ed. Salvador: JusPodivm, 2021. p. 99.

o divórcio liminar, no procedimento especial das ações de família, não deve ser interpretado como uma vedação à medida.

Concluída a análise dos institutos da tutela de urgência, tutela de evidência, julgamento liminar de improcedência, julgamento antecipado parcial de mérito e dos procedimentos especiais, é possível retornar ao tema central deste livro.

3.6 O DIVÓRCIO E AS TÉCNICAS PROCESSUAIS PREVISTAS PELO CÓDIGO DE PROCESSO CIVIL

Neste capítulo, foram examinados os institutos da tutela de urgência, da tutela de evidência, do julgamento liminar de improcedência, do julgamento antecipado parcial de mérito e a teoria dos procedimentos especiais. Nenhum deles, no entanto, tem estrutura legal que comporte a questão do divórcio liminar. A uma, não se pode alegar urgência em um requerimento de divórcio, pois o simples pedido de divórcio não atende aos requisitos de perigo de dano ou de risco ao resultado útil do processo. A duas, porque o pedido de divórcio não foi expressamente previsto como hipótese de tutela de evidência, nos termos do art. 311, do CPC. A três, porque quem almeja o divórcio não espera um julgamento liminar de improcedência. A quatro, porque o julgamento antecipado parcial do mérito somente ocorre após a citação e a defesa do réu. A cinco, porque não há previsão expressa, em procedimento especial, que autorize o divórcio liminar.

Por que, então, o estudo de todas essas técnicas? Por duas razões. A primeira, porque são elas as vias típicas que permitem decisões liminares e, consequentemente, é a partir delas que uma interpretação que se pretenda coerente e sistemática deve considerar. A segunda, porque esses cinco temas têm muito a contribuir para a questão do divórcio liminar.

Com a tutela de urgência, e pela doutrina que a defendeu e a justifica, compreende-se que a tutela do direito material é mais importante que o procedimento. É justamente por isso que se iniciou o presente capítulo com as lições de Marinoni no sentido de que a técnica processual deve prestar efetiva tutela ao direito material. Mais do que isso, a tutela jurisdicional prestada de forma antecipada pode ser exatamente aquela almejada pelo autor.

Pela tutela de evidência, apreende-se que não há razão para impor toda a demora do processo ao autor. Há um valor que orienta o direito processual e, portanto, o legislador e a jurisdição, de distribuir isonomicamente o ônus do tempo do processo. Neste sentido, ao cônjuge que pede o divórcio não pode ser imposta a condição de casado até que o processo alcance decisão final.

As técnicas do julgamento liminar de improcedência e do julgamento antecipado parcial do mérito ensinam que o direito processual civil já admite o julgamento do mérito da causa de forma antecipada e até mesmo liminar. A regra de que o julgamento de mérito somente pode ocorrer após toda a tramitação do procedimento comum e que a sentença deve ser una foi abandonada pelo Código de Processo Civil de 2015.

Os procedimentos especiais, compreendidos sob o ponto de vista contemporâneo, demonstram que ao processo mais importa a satisfatividade da tutela e que os procedimentos devem ser concebidos para favorecer o tratamento do direito material. O objetivo do direito processual civil passa a ser a adoção de técnicas processuais adequadas para a tutela dos direitos.

Estabelecidas essas conclusões, o capítulo seguinte examinará a questão central do livro: como justificar e estruturar a técnica processual para a tutela efetiva do direito potestativo ao divórcio.

4
DIVÓRCIO LIMINAR E TÉCNICA PROCESSUAL

Até o momento, tem-se duas conclusões parciais bastante claras. De um lado, o divórcio é um direito potestativo. De outro, não há regra de direito processual que autorize, expressamente, a concessão do divórcio liminar. Neste capítulo, defende-se a possibilidade de decretação do divórcio liminar e que a técnica processual para tanto pode ser construída sem ofender o procedimento comum.

Para isso, retoma-se a afirmação feita ao final do primeiro capítulo. O Código de Processo Civil de 2015 não foi redigido de acordo com a Emenda do Divórcio. Com exceção ao fim do divórcio indireto, nenhuma das recentes regras materiais a respeito do divórcio foi considerada na lei processual. A opção de tratar o divórcio seguido pela separação em todas as oportunidades é a maior prova desta observação. Portanto, não há que se falar em ausência de regra por opção do legislador. A regra não existe porque a extensão do direito material não foi considerada. Isto não significa, porém, que não deva haver tutela do direito potestativo ao divórcio.

Como exposto, não há dúvida quanto ao caráter potestativo do direito ao divórcio. O que se verificou no capítulo 2 é que os óbices impostos à decretação liminar são processuais. A decisão do Superior Tribunal de Justiça, de 2020, empregou argumentos formais justamente para refutar a tese. O presente capítulo parte dos argumentos dessa decisão. Em seguida, serão examinadas decisões proferidas por tribunais locais, em período posterior ao posicionamento do STJ, para identificar as vias processuais que foram consideradas. Ao final, será indicado e fundamentado o procedimento que se reputa adequado para o exercício do direito potestativo ao divórcio e sua concessão liminar.

4.1 IRREVERSIBILIDADE DA MEDIDA E EXIGÊNCIA DE CONTRADITÓRIO PRÉVIO

Como primeiro ponto deste capítulo, examinar-se-ão os fundamentos da decisão monocrática proferida pelo Min. Antonio Carlos Ferreira, em março de 2020, que afastou a tese do divórcio liminar do Superior Tribunal de Justiça. Embora não se trate de um precedente, a razão para a escolha desse marco temporal é o rompimento, neste instante, do crescimento da tese pela Corte. Pela relevância, transcreva-se o inteiro teor da decisão:

Recurso Especial 1.844.545 – GO (2019/0316630-6)

Decisão

Trata-se de recurso especial interposto contra acórdão assim ementado (e-STJ fl. 46):

Ementa: agravo de instrumento. Ação de divórcio litigioso. Decretação em sede de liminar. Citação da parte ex adversa. Oportunidade ao exercício do contraditório. Livre convencimento do magistrado. Decisão fundamentada.

1. Os critérios para aferição da tutela de evidência estão na faculdade do julgador que, exercitando o seu livre arbítrio e de forma bem fundamentada, decide sobre a conveniência ou não da concessão, sendo que tais provimentos somente podem ser revogados em caso de ilegalidade ou abuso de poder por parte do magistrado, o que não se vislumbra no presente caso.

2. Conforme se depreende do parágrafo único do art. 311 do CPC, impossível a concessão de liminar em tutela de evidência antes da citação do requerido, razão pela qual mostra-se impertinente a decretação de divórcio litigioso por esta via.

RECURSO DESPROVIDO.

O recurso especial (e-STJ fls. 49/60), fundamentado no art. 105, III, "a" e "c", da CF, aponta, além de divergência jurisprudencial, ofensa ao art. 311, IV, do CPC/2015, sustentando a possibilidade de concessão de tutela de evidência em ação de divórcio.

Não foram apresentadas contrarrazões (e-STJ fl. 70).

É o relatório.

Decido.

O TJGO se manifestou no seguinte sentido (e-STJ fl. 41):

O não cabimento do divórcio liminar como tutela provisória de urgência de natureza antecipada, é facilmente percebido pelo que dispõe o art. 300, § 3º, do CPC: "A tutela de urgência de natureza antecipada não será concedida quando houver perigo de irreversibilidade dos efeitos da decisão".

Ora, uma vez decretado o divórcio, não há como as partes retornarem ao status quo ante, senão por meio de novo casamento (art. 33 da Lei do Divórcio), o que evidencia a irreversibilidade da tutela de urgência, consistente na decretação do divórcio initio litis" (grifo no original).

Destaco, de início, que os critérios para aferição da concessão de medida liminar estão na faculdade do julgador, exercitando o seu livre arbítrio, decide sobre a conveniência ou não da concessão, sendo que tais provimentos somente podem ser revogados caso fique demonstrada a ilegalidade do ato ou evidenciado o abuso de poder por parte do magistrado.

Ante tais considerações, e após análise minuciosa dos autos, não se constata qualquer irregularidade na decisão ora atacada capaz de levar à sua cassação ou reforma, tendo esta obedecido os princípios legais inerentes à ação proposta e observado ainda o poder de cautela do magistrado, estando bem fundamentada a razão de seu convencimento.

A jurisprudência desta Corte é predominante no sentido de que não é cabível recurso especial para reexaminar decisão que defere ou indefere liminar ou antecipação de tutela, em virtude da natureza precária da decisão, a qual está sujeita a modificação a qualquer tempo, devendo ser confirmada ou revogada pela sentença de mérito.

Aplica-se, por analogia, a Súmula n. 735 do STF: "Não cabe recurso extraordinário contra acórdão que defere medida liminar."

Ante o exposto, NÃO CONHEÇO do recurso especial.

Publique-se e intimem-se Brasília-DF, 27 de março de 2020.

Ministro Antonio Carlos Ferreira Relator[1]

---

1. BRASIL. Superior Tribunal de Justiça. REsp 1.844.545/GO. Relator: Min. Antonio Carlos Ferreira. Publicação: 02/04/2020.

Inicia-se a análise pela ótica dos institutos processuais. Em primeiro lugar, a decisão refuta a possibilidade de decretação liminar do divórcio pela via da tutela de urgência. A razão não é, no entanto, a ausência de urgência, mas a regra do art. 300, § 3º, do CPC: "A tutela de urgência de natureza antecipada não será concedida quando houver perigo de irreversibilidade dos efeitos da decisão". Como destaca a decisão, "uma vez decretado o divórcio, não há como as partes retornarem ao *status quo ante*, senão por meio de novo casamento (art. 33 da Lei do Divórcio), o que evidencia a irreversibilidade da tutela de urgência, consistente na decretação do divórcio initio litis".

O segundo ponto é o afastamento da tese da tutela de evidência a partir de um raciocínio de taxatividade das hipóteses previstas pelo art. 311, do Código de Processo Civil. Como não se verificou a incidência dos incisos II ou III, do referido dispositivo, o Ministro relator aplicou a regra do parágrafo único, considerando "impossível a concessão de liminar em tutela de evidência antes da citação do requerido, razão pela qual mostra-se impertinente a decretação de divórcio litigioso por esta via".

O primeiro obstáculo, portanto, é o requisito da reversibilidade da decisão. Este tema não é novo na doutrina do direito processual civil. Além disso, a reversibilidade é requisito para a concessão de tutela provisória de urgência. Portanto, há que se avaliar se a decisão que decreta o divórcio é reversível e se seria concedida por meio de tutela provisória de urgência.

Como explica Marinoni, ao tratar da reversibilidade, é preciso distinguir a irreversibilidade dos efeitos jurídicos e a irreversibilidade dos efeitos fáticos da decisão.[2] O equívoco decorre de interpretação oriunda do direito francês, que afirmava que o *référé* não pode causar "prejuízo ao principal" no sentido de que a tutela provisória não pode incidir de modo irreversível na esfera jurídica do demandado. A regra do Código de Processo Civil francês, de 1806, foi reformada. No Código atual, a questão foi esclarecida na medida em que o "principal" é a cognição exauriente do mérito, não o efeito da tutela concedida. Como explica Marinoni, "a tutela de cognição sumária não pode prejudicar a cognição exauriente do mérito ou não pode vincular o juízo final; não pode, em resumo, prejudicar a decisão da causa".[3] Ou seja, a tutela de urgência, por sua natureza provisória, não pode prejudicar o julgamento definitivo do mérito. Por outro lado, isto não significa que a decisão de tutela de urgência não possa entregar ao autor o direito por ele pretendido. Repise-se a questão, nas palavras de Marinoni:

> A tutela é provisória apenas e tão somente porque o juiz, ao concedê-la, não afirma que o direito existe e, portanto, não pode prejudicar a decisão sobre o direito com base em cognição mais

---

2. A exposição segue, na medida do possível, a tese de MARINONI, Luiz Guilherme. *Tutela de urgência e tutela da evidência*. 3. ed. São Paulo: Revista dos Tribunais, 2019. p. 115-118.
3. MARINONI, Luiz Guilherme. *Tutela de urgência e tutela da evidência*. 3. ed. São Paulo: Revista dos Tribunais, 2019. p. 116.

aprofundada. A decisão que concede a tutela antecipada não pode produzir efeito capaz de impedir outro juízo sobre o direito ou mesmo um efeito que, embora possa admitir decisão com sentido contrário, é incompatível com a situação de direito substancial tutelanda.[4]

O art. 300, § 3º, portanto, não pode ser meramente lançado como fundamento para negar pedido de tutela de urgência. Apesar disso, porém, a decisão do STJ suscita um problema mais complexo que também decorre da análise das tutelas de urgência e da reversibilidade. Este ponto é imprescindível para o desenvolvimento do tema do divórcio liminar.

O que o § 3º veda é o prejuízo ao juízo final e a criação de determinados efeitos jurídicos incompatíveis com a situação de direito substancial objeto de tutela jurisdicional. Marinoni afirma: "mais claramente, o que se proíbe são determinadas constituições provisórias".[5] O autor, aliás, traz o divórcio como exemplo central de seu argumento: "não há como decretar provisoriamente o divórcio ou desconstituir provisoriamente o casamento, embora seja adequado ordenar, também por exemplo, que um cônjuge se afaste do outro em vista de decisão de separação de corpos".[6] Ele vai ainda mais além, ao afirmar que são irreversíveis decisões como a antecipação da constituição de uma relação de filiação ou a antecipação da desconstituição de um casamento.

Em seguida, é feito um contraponto. Na perspectiva técnico-processual, a antecipação da constituição é possível. Ou melhor, é impossível admitir, de forma generalizada, que antecipações de medidas constitutivas não são cabíveis no direito processual civil porque a tutela antecipada é inconcebível nas ações de estado ou relativas à capacidade das pessoas. O que deve pautar essa análise é o direito material.

A conclusão a que se chega a partir do estudo dos argumentos de Marinoni pode surpreender. A decisão do divórcio liminar realmente não pode ser provisória. Em outras palavras, a tutela de urgência não é a via adequada para o exame desta matéria. Seja pelo art. 33, da Lei do Divórcio (Lei 6.515/1977), seja pelo art. 1.571, do Código Civil, não pode haver um divórcio provisório. Esta figura, que seria semelhante à separação judicial, não é imposta a qualquer cônjuge que queira se divorciar em virtude da Emenda Constitucional 66/2010.

Isto não significa, porém, que o divórcio liminar não seja cabível. A conclusão a que se chega, no entanto, é a de que a decisão que a concede não pode ser provisória. Trata-se de uma decisão definitiva. Como o próprio Marinoni registra, ao examinar o tema, "o fato de o art. 300, § 3º, do Código de Processo Civil não ter aludido aos casos em que a constituição não pode ser antecipada não permite concluir que ela

---

4. MARINONI, Luiz Guilherme. *Tutela de urgência e tutela da evidência*. 3. ed. São Paulo: Revista dos Tribunais, 2019. p. 116-117.
5. MARINONI, Luiz Guilherme. *Tutela de urgência e tutela da evidência*. 3. ed. São Paulo: Revista dos Tribunais, 2019. p. 117.
6. MARINONI, Luiz Guilherme. *Tutela de urgência e tutela da evidência*. 3. ed. São Paulo: Revista dos Tribunais, 2019. p. 117.

jamais poderá ser antecipada nem que ela sempre poderá ser antecipada".[7] O que deve ser observado é a situação substancial, objeto de tutela. Se a situação do direito material exige tratamento diferente, este deverá ser oferecido adequadamente pela técnica processual.

O que precisa ser atualizado, portanto, é a premissa. De acordo com o direito de família anterior à Emenda Constitucional 66/2010, realmente não há como decretar o divórcio sem ouvir o réu. Afinal, o divórcio não poderia ser compreendido como um direito potestativo. Agora, como já demonstrado, não há qualquer óbice contra o pedido de divórcio. O réu nada pode opor a este pedido. Assim, o direito material criou hipótese em que, processualmente, deve ser admitida decisão liminar com efeitos constitutivos.

Nem se diga, por exemplo, que o réu poderia alegar a nulidade do casamento. Tal defesa pode ser formulada após a decretação do divórcio liminar, uma vez que seus efeitos terão repercussão patrimonial e, portanto, incidirão sobre a partilha. Esta matéria, porém, não será decidida na decisão liminar do divórcio. Este ponto será objeto de exame específico, em tópico próprio, a respeito do escopo da decisão liminar de divórcio.

Como anunciado anteriormente, o que ocorre é que o Código de Processo Civil de 2015 não cogitou a hipótese específica do divórcio liminar porque a natureza potestativa do direito foi desconsiderada. Há de se reconhecer, contudo, que o direito processual deve acomodar as alterações do direito material e recepcioná-las com as devidas técnicas processuais. Esta constatação permite seguir com o exame da decisão do STJ, mais especificamente com o argumento que afastou a aplicabilidade da tutela de evidência.

Retomando o que fora exposto acima, o Min. Antonio Carlos Ferreira afastou a tese da tutela de evidência porque "impossível a concessão de liminar em tutela de evidência antes da citação do requerido, razão pela qual mostra-se impertinente a decretação de divórcio litigioso por esta via". Há dois pontos que permitem a reformulação do entendimento do STJ.

Em primeiro lugar, e de forma bastante objetiva, a afirmação da decisão monocrática não reflete a disciplina da tutela de evidência, nos termos do Código de Processo Civil de 2015. Ao contrário do que fora afirmado, há ao menos duas hipóteses em que a tutela de evidência pode ser concedida antes da citação do requerido. São elas as previstas pelos incisos II e III, do art. 311. O próprio Código reconhece esta possibilidade em dois momentos distintos: no art. 9º, parágrafo único, II, e no art. 311, parágrafo único.

---

7. MARINONI, Luiz Guilherme. *Tutela de urgência e tutela da evidência*. 3. ed. São Paulo: Revista dos Tribunais, 2019. p. 118.

O segundo ponto demanda remissão ao que foi examinado a respeito da tutela de urgência, no capítulo anterior. A tutela de evidência, embora tenha recebido tratamento legal a partir de hipóteses taxativas, contém uma racionalidade. Como destaca Rogéria Dotti, seus fundamentos são a defesa frágil e a probabilidade, sendo que ambos recaem no dever de antecipar a tempo.[8] Portanto, em casos nos quais a probabilidade do direito é muito intensa em favor do autor e a possibilidade da defesa afastar o pedido é reduzida, o Código permite a tutela de evidência por meio de liminar. O exame das hipóteses legais em que há expressa permissão para a concessão liminar da tutela de evidência são significativas. Tome-se como exemplo o inciso II, do art. 311, pelo qual a existência de precedente em sentido favorável ao autor, somado à prova documental dos fatos alegados, é suficiente para que a tutela seja concedida liminarmente.

Portanto, a afirmação de que a tutela de evidência somente pode ser concedida após contraditório é incorreta. O próprio STJ tem entendimento diverso, em acórdão de 2019:

> Processual civil. Agravo interno. Petição. Atribuição de efeito suspensivo a recurso especial. Afastamento da tutela de evidência concedida na origem. Requisitos legais cumulativos. Ausência de comprovação. Deferimento do pedido. Provimento do recurso.
>
> 1. A concessão de tutela de evidência, em caráter liminar, antes do escoamento do prazo para oferecimento de defesa, nos termos do art. 311, II, do Código de Processo Civil, exige não somente a comprovação documental das alegações de fato, mas também a existência cumulativa de tese firmada em julgamento de repetitivos ou em súmula vinculante, requisito não observado na hipótese.
>
> 2. Agravo interno provido para atribuir efeito suspensivo ao recurso especial.[9]

Ou seja, nos termos do acórdão acima, constatados os requisitos do inc. II, a tutela de evidência pode ser concedida liminarmente. A exigência de contraditório prévio, portanto, é inadequada e não pode ser considerada um requisito geral para decisões fundadas em tutela de evidência.

A questão que resta, porém, é que a tutela de evidência também é espécie de tutela provisória. Como suscitado neste tópico, a decisão do divórcio liminar não pode ser provisória. Passa-se, no próximo item, a examinar qual a técnica processual adequada para a concessão do divórcio liminar em caráter definitivo.

4.2 DIVÓRCIO LIMINAR E JULGAMENTO ANTECIPADO PARCIAL DE MÉRITO

No tópico anterior, à tese do divórcio liminar foi oposto o mais difícil óbice. Afinal, não se admite que sua concessão se dê por tutela provisória, já que a decisão

---

8. DOTTI, Rogéria. *Tutela da evidência*: probabilidade, defesa frágil e o dever de antecipar a tempo. São Paulo: Revista dos Tribunais, 2020.
9. BRASIL. Superior Tribunal de Justiça. AgInt na Pet 12.363/RJ. rel. Min. Maria Isabel Gallotti. Julgamento: 05 fev. 2019. Órgão Julgador: Quarta Turma. Publicação: DJe 14 mar. 2019.

que desconstitui o casamento não poderá ser revista na sentença. Em síntese, tem-se a incidência preliminar do art. 300, § 3º, do CPC. Contra esse óbice processual, porém, tem-se a Emenda Constitucional 66/2010, a partir da qual se extrai que o divórcio é direito potestativo. A questão, agora, cinge-se à busca da técnica processual adequada.

Tem-se, neste sentido, que o Tribunal de Justiça do Paraná, em acórdão relatado pela Des. Rosana Fachin, proferiu a decisão que identificou a técnica mais idônea para a decretação do divórcio de forma liminar. O acórdão será examinado com cautela e, a seguir, serão desenvolvidas considerações adicionais para a melhor solução do problema. Veja-se a ementa:

> Agravo De Instrumento – Ação De Divórcio Litigioso – Tutela De Evidência Para Decretação Antecipada Do Divórcio – Desacolhimento Em Primeira Instância – Insurgência Recursal – Direito Potestativo Evidenciado No Caso Concreto – Inexistência De Patrimônio Comum Do Casal Ou Constituição De Filhos Em Comum – *Decretação Do Divórcio – Inevitável Concessão Da Medida* – Fim Da Vida Em Comunhão Já Reconhecido A Partir Do Pedido Inicial – Necessidade De Garantir A Liberdade Inerente À Rescisão Da Relação Matrimonial E Prosseguimento Da Vida Pessoal Sem Violação Da Autonomia Da Vontade – Liberdade Familiar Que Tem Como Uma Das Suas Dimensões A Liberdade Ao Divórcio E Dissolução Da Entidade Familiar – *Não Se Trata De Reconhecer Direito Absoluto, Mas A Mera Sujeição Do Demandado A Um Dos Efeitos Do Direito Potestativo Pleiteado Pela Autora – Pretensão Com Natureza De Julgamento Antecipado De Mérito* – Inteligência Dos Artigos 355 E 356 Do Código De Processo Civil – Aplicabilidade No Caso Concreto – Necessidade Da Entrega Da Prestação Jurisdicional De Modo Adequado, Independentemente Da Forma Jurídica Aplicada – Decisão Reformada – Decretação Do Divórcio Inaudita Altera Pars Incidente – Confirmação Da Liminar Recursal Outrora Concedida – Recurso Conhecido E Provido. 1. O pleito de divórcio se trata de um direito potestativo do postulante, vale dizer: diante do pedido expresso da parte autora quanto à sua concessão, ao réu não há defesa juridicamente possível que obste o provimento do pleito, mantida a demanda, por evidente, para apreciar demais pendências, se for o caso. 2. O caráter potestativo do direito é de uma evidência incontrastável, pois afirmar o contrário seria admitir o inadmissível: o dever de permanecer casado mesmo diante do fim da vida conjunta. 3. Soma-se o fato de que a demandante não mais detém contato com o requerido, desconhecendo seu atual paradeiro, o que reforça a necessidade de lhe garantir a liberdade inerente à rescisão da relação matrimonial e prosseguimento da vida pessoal sem violação da sua autonomia, em especial diante da morosidade judiciária e do deficitário sistema de localização para possível citação e oportunidade ao contraditório. 4. Embora o pleito deduzido pela autora se respalde no art. 300 do Código de Processo Civil, bem como que diante dos fatos expostos, independentemente da forma jurídica vinculada, seja possível a entrega da prestação jurisdicional de modo adequado, a hipótese do caso concreto se adequa à antecipação parcial dos efeitos da sentença (vide artigos 355 e 356 do Código de Processo Civil), bastando para tanto pedido que dispense instrução probatória, como é o caso. 5. Em resumo, em que pese a pretensão se paute na tutela de evidência, incidem, no caso, os artigos 355 e 356 do Código de Processo Civil, autorizando-se o julgamento antecipado do mérito, dada a ausência de controvérsia jurídica sobre o direito ao divórcio. Recurso Conhecido E Provido.[10] (Grifo nosso)

---

10. PARANÁ. Tribunal de Justiça. 0041434-50.2020.8.16.0000 – Curitiba. Rel. Des. Rosana Amara Girardi Fachin. Julgamento: 24 set. 2020. Órgão Julgador: 12ª Câmara Cível.

Constata-se, a partir do acórdão acima, que o TJPR reconheceu o caráter potestativo do direito ao divórcio. Quanto a isso, não há qualquer dúvida. Percebe-se, pela descrição fática do caso, que o processo em análise não se encontrava na fase inicial, mas a relação jurídica processual não havia se perfectibilizado, uma vez que o requerido não era encontrado nas tentativas de citação ("a demandante não mais detém contato com o requerido, desconhecendo seu atual paradeiro"). Este elemento é, talvez, o mais interessante do caso, pois levou o problema da declaração do divórcio ao extremo, na medida em que a requerente encontrava-se impossibilitada de se divorciar pela exigência processual, embora o direito material lhe permitisse encerrar o casamento sem qualquer restrição. Atento a esta situação, o TJPR destacou que há um dever do Judiciário em garantir à requerente o divórcio e o prosseguimento de sua vida pessoal "sem violação da sua autonomia, em especial diante da morosidade judiciária e do deficitário sistema de localização para possível citação e oportunidade ao contraditório".

Ou seja, a liberdade concedida pela Emenda Constitucional 66/2010, que torna o direito ao divórcio um direito potestativo, não pode ser obstada por questões processuais. Ao contrário, cabe ao julgador (e à doutrina) encontrar soluções adequadas. Foi justamente isso que se seguiu. O acórdão afasta a tese da tutela de urgência, mas encontra outro caminho. A decisão aplica o julgamento antecipado parcial de mérito, considerando que a declaração do divórcio, pura e simples, dispensa qualquer diligência de produção probatória. Como mencionado no Capítulo 3, a técnica do julgamento antecipado parcial do mérito retorna ao centro da questão.

A solução adotada pelo acórdão se revela a mais adequada. Isto, porém, não se deve ao fato de o caso ter uma complexidade particular no que diz respeito à impossibilidade de citação do réu. Sua principal vantagem é identificar a técnica processual que permite uma decisão definitiva sobre parcela do mérito, que não impede a regular tramitação do feito e distribui adequadamente o ônus do tempo do processo. Explica-se.

Já se concluiu anteriormente que a decisão que decreta o divórcio não pode ser provisória. A decisão que julga parcialmente o mérito tem natureza de decisão fundada em cognição exauriente e tem potencial, inclusive, para formar coisa julgada material. Portanto, é uma decisão interlocutória que encerra a discussão sobre a parcela do mérito e que pode ser apreciada de imediato pelo juiz, tal como o pedido de divórcio. Note-se, inclusive, que o pedido de divórcio liminar preenche os requisitos legais desse instituto:

> Art. 356. O juiz decidirá parcialmente o mérito quando um ou mais dos pedidos formulados ou parcela deles:
>
> I – mostrar-se incontroverso;
>
> II – estiver em condições de imediato julgamento, nos termos do art. 355.

Aliás, o pedido de divórcio liminar atende aos dois requisitos legais, ainda que estes sejam independentes. É que o divórcio, como exaustivamente sustentado, é direito potestativo. Em outras palavras, não é factível que o réu oponha qualquer defesa que torne controverso o pedido de divórcio. Evidentemente, os demais efeitos do divórcio, tais como partilha, pensão e a necessidade de regulamentação da guarda de filhos, podem ser objeto de controvérsia, mas nenhum desses pontos será julgado em definitivo pela mesma decisão. O pedido de divórcio liminar, portanto, inadmite controvérsia. Por outro lado, um pedido de divórcio estará sempre em condições de imediato julgamento, já que os requisitos para tanto nada mais são do que prova de casamento regular, o que se prova documentalmente pela certidão de casamento, e manifestação de vontade por um dos cônjuges, a qual será veiculada na petição inicial. É descabida, neste sentido, a exigência do art. 355, II, já que com relação ao divórcio propriamente dito não há necessidade de se aguardar eventual revelia, já que nenhuma defesa pode ser oposta.

Trata-se, em verdade, de pedido a respeito do qual o contraditório pode ser diferido, como regra. Veja-se que em momento algum admitiu-se a decretação do divórcio sem que se dê ao réu o efetivo conhecimento da decisão. A questão é que a informação acerca do divórcio pode ser comunicada após sua decretação. Por lei, inclusive, admitir-se-ia agravo de instrumento contra a decisão que decreta o divórcio liminar (art. 356, § 5º), caso haja algum receio com relação à impossibilidade de manifestação por parte do requerido.

Nem se diga, por fim, que o julgamento antecipado parcial do mérito deve aguardar a defesa do réu, uma vez que se encontra previsto como etapa do saneamento. Discorreu-se longamente a respeito da importância de se distribuir adequadamente o ônus do tempo do processo. Igualmente, discorreu-se sobre a necessidade de se adaptar técnicas processuais à tutela efetiva do direito material. E, por fim, as lições a respeito dos procedimentos especiais examinados no Capítulo 3 ensinam que o procedimento comum pode sofrer alterações em seu rito a fim de melhor proteger os direitos em tela. Tudo isso leva à conclusão de que não há qualquer óbice ao emprego do julgamento antecipado parcial de mérito quando do recebimento da inicial, uma vez que não há qualquer defesa razoável a ser oposta ao exercício do direito potestativo de divórcio.

Deste modo, compreende-se que a solução empregada pelo TJPR, em caso bastante particular, acabou por apontar a solução mais adequada para a questão como um todo. O divórcio liminar pode ser decretado pela técnica do julgamento antecipado parcial de mérito, nos termos do art. 356, do Código de Processo Civil.

4.3 LIMITES DA DECRETAÇÃO LIMINAR DO DIVÓRCIO

A sentença que julgava o divórcio, no Código de Processo Civil de 1973, era a mesma sentença que julgava todos os pedidos formulados pelas partes no processo em questão. Isto significa que, nos termos do que se constatou no Capítulo 2 desta obra, a sentença de divórcio era uma decisão que produzia uma multiplicidade de efeitos, tanto pessoais quanto patrimoniais. Ou seja, para que se fosse proferida a sentença de divórcio, o feito deveria estar integralmente instruído para que também fossem julgados os demais pedidos formulados, tais como a partilha de bens, a regulamentação da guarda dos filhos menores, a fixação de alimentos, dentre outros.

O que precisa ser compreendido para a regular utilização do divórcio liminar no contexto do Código de Processo Civil de 2015 é o limite de escopo da decisão que o concede. Evidentemente, o divórcio liminar não pode produzir efeitos definitivos sobre os temas indicados, de forma exemplificativa, no parágrafo acima. Aqui, segue-se mais uma vez a lição de Marinoni, no sentido de que a decisão provisória não pode impedir o julgamento principal e que não pode haver, como regra, antecipação de tutela com efeitos constitutivos. O único ponto sobre o qual é cabível a decretação do divórcio liminar é o próprio divórcio. O divórcio liminar, entendido como técnica processual, deve compreender que é um capítulo da tradicional sentença de divórcio, tal qual era conhecida no direito brasileiro. Daí a importância de se ter organizado os efeitos do casamento. Diante disso, pode-se afirmar que os efeitos do divórcio liminar operam, exclusivamente, dentro dos limites do direito potestativo ao divórcio. É o que se passa a expor.

O casamento pode ser terminado por manifestação unilateral de vontade. Esta manifestação, formulada por um dos cônjuges, deflagra uma sequência de efeitos jurídicos até que toda a comunhão seja encerrada. Alguns desses efeitos podem ser encerrados de imediato – e estes são atingidos pelo divórcio liminar –, mas outros dependem de manifestação do réu e, até mesmo, de terceiros. Neste sentido, os efeitos constitutivos do divórcio liminar são aqueles intrínsecos à constituição do casamento: ele encerra a condição de consortes dos cônjuges, o dever de fidelidade recíproca, a vida em comum no domicílio conjugal, o dever de respeito e consideração mútuos, a presunção de filiação (respeitado o art. 1.597, do Código Civil), a solidariedade das dívidas constituídas para a economia doméstica e o regime de bens escolhido.

Como se verifica, os efeitos do divórcio liminar são, majoritariamente, pessoais. Os efeitos patrimoniais são extremamente restritos, pela razão específica de que, por tratarem de patrimônio do cônjuge não citado, inexiste a possibilidade de antecipar a partilha. Visto de outro modo, o divórcio liminar é medida que confere liberdade pessoal para o cônjuge que opta por exercer o direito potestativo ao divórcio. A partir de sua decretação, a parte está, de fato e de direito, divorciada, podendo assumir outro relacionamento (respeitada a causa suspensiva para casar, do art. 1.523, III, do Código Civil).

Diga-se, a este respeito, que o exercício do direito potestativo ao divórcio afasta a possibilidade de retorno ao estado de casados. Esta faculdade, muito mais ligada à separação judicial, não é elemento relevante que impeça a adoção da medida aqui defendida. A parte que requer o divórcio liminar, consciente dos efeitos de sua manifestação de vontade, não pode ser impedida de fazê-lo por conta da remota hipótese de retorno ao estado de casado. No pior cenário, porém, as partes poderão casar-se novamente.

Sob o ponto de vista patrimonial, como já destacado, os efeitos são muito mais restritos. Para a garantia dos cônjuges, entende-se que a decretação do divórcio liminar deve encerrar a solidariedade das dívidas constituídas para a economia doméstica. Para o autor da ação, esse efeito é válido a partir do momento em que é intimado da decisão que decreta o divórcio, mas retroagindo à data em que a petição inicial foi distribuída.[11] Para o réu, o efeito é válido a partir do momento em que for citado. A razão para tanto é a segurança patrimonial de ambos, impedindo que constituam dívidas como forma de vingança privada.

A decisão que decreta o divórcio também pode colocar fim ao regime de bens. Classicamente, utiliza-se como marco temporal para tanto a data da separação de fato do casal. Porém, a separação de fato não representa um critério seguro, uma vez não raro carece de provas e apresenta ares de subjetividade em razão de idas e vindas do relacionamento e até da presença no lar conjugal por conta dos filhos comuns. Assim, a ideia que se desenvolve nessa obra é que a separação fática cada vez mais coincida com a data da própria decretação do divórcio, o que ocorreria de forma liminar.

Note-se, de todo modo, que o momento em que se dá o fim do regime de bens entre o casal não se confunde com aquele em que ocorre a partilha. O que se sustenta, aqui, é que pelo fim da sociedade conjugal, os bens adquiridos por um dos cônjuges, após a citação do divórcio liminar, não mais estão sujeitos ao regime patrimonial escolhido. Por exemplo, em um casamento em que se optou pela comunhão parcial, se o autor adquirir com recursos próprios um automóvel após a citação do cônjuge, com efeitos de divórcio liminar, este bem não será partilhado. Evidentemente, se houver sub-rogação, o bem deverá ser partilhado. Porém, divórcios litigiosos podem perdurar por anos justamente em razão de polêmicas sobre a destinação dos bens e a partilha somente ocorrerá por decisão judicial ao fim do processo ou homologação de acordo firmado entre as partes.

Este efeito do divórcio liminar, aliás, é um dos pontos mais relevantes e que justificam a adoção ampla da medida. A decretação do divórcio liminar marca, sem deixar qualquer dúvida, o momento em que o patrimônio comum do casal foi encerrado. A partir daquele momento, cada cônjuge é responsável pela gestão de seu próprio patrimônio e dos bens comuns que estão sob sua posse. Com isso, haverá muito mais segurança para se aplicar institutos como os alimentos compensatórios, por exemplo. Do mesmo modo, a definição de um marco temporal para o divórcio, independentemente da partilha ou da sentença do processo de divórcio, também favorece o tratamento de inúmeras situações jurídicas dos cônjuges, tais como os planos de saúde, contas correntes ou de investimentos, sistemas de *time-sharing*,

---

11. Por aplicação analógica do art. 240, § 1º, do Código de Processo Civil de 2015.

dentre outros. Uma vez cientes do divórcio, com a citação do réu, os cônjuges devem tomar as medidas necessárias para a adequação dessas situações, comunicando os respectivos gestores e dando início aos trâmites contratuais previstos.

Se, por outro lado, o réu alegar que o relacionamento teve fim em momento anterior ao da citação – por separação de fato, por exemplo – a decisão que decreta o divórcio liminar não produzirá qualquer prejuízo, uma vez que a partilha não será realizada naquele momento e a data do fim do regime de bens coincidirá com a separação de fato do ex-casal, não com a do divórcio. Este argumento também vale para a defesa em que o réu alega ausência ou inexistência de casamento. Em todos esses os casos, a decisão do divórcio liminar poderá ser recorrida por meio de agravo de instrumento, como qualquer decisão interlocutória de mérito proferida por juízo de primeiro grau, permitindo ao réu que apresente suas alegações. Estas remotas hipóteses, porém, não devem impedir a realização de um direito potestativo que persistirá na imensa maioria dos casos em que for aplicado.

Veja-se, por outro lado, que ao se tratar dos efeitos do divórcio liminar, em momento algum foi apontada qualquer repercussão sobre os filhos do casal. Afinal, todas as questões relacionadas aos menores não podem ser objeto de uma decisão definitiva e liminar, até porque elas devem ser precedidas de manifestação do Ministério Público. É lícito, porém, que o autor cumule pedidos, requerendo o divórcio liminar, por meio de julgamento antecipado parcial de mérito, e a fixação de guarda e alimentos, em tutela provisória de urgência. Com isso, mantém-se a estrutura do procedimento comum adotada diuturnamente pela prática do direito de família.

Compreendido o divórcio liminar pelos limites aqui propostos, sua decretação pela técnica do julgamento antecipado parcial de mérito em nada ofende o rito processual, ao mesmo tempo em que favorece a tutela do direito material. Há, porém, alguns óbices finais, de cunho essencialmente processual, que ainda merecem atenção.

4.4 ORGANIZAÇÃO PROCEDIMENTAL DO DIVÓRCIO LIMINAR

Por se tratar de medida inovadora e pouco aplicada pelos tribunais, as considerações deste tópico não têm a pretensão de esgotar as situações processuais que possam surgir em casos nos quais se requer o divórcio liminar. Por outro lado, algumas questões, identificadas em decisões que trataram do tema, podem ser elencadas e respondidas neste momento.

Em primeiro lugar, deve-se considerar a necessidade, ou não, de pedido expresso de decisão que decrete liminarmente o divórcio. Aqui, a resposta pode ser objetiva. Como se trata de medida que altera o procedimento comum, deve haver pedido expressamente formulado pelo autor, para que o magistrado decrete o divórcio de forma liminar. Visto por outro prisma, a decretação liminar do divórcio não deve, por ora, ser realizada de ofício. Por se tratar de técnica recente, torná-la a regra, ou aplicá-la sem que a parte autora tenha formulado o pedido, pode gerar efeitos negativos, na medida em que os efeitos jurídicos da medida podem não ser integralmente compreendidos pelo procurador do autor. Registre-se, porém, que a difusão e a popularização dessa técnica podem, sim, culminar com uma inversão da proposta aqui formulada, não sendo surpresa, até mesmo, futura alteração legislativa para regulamentação da decretação liminar do divórcio.

Outro ponto que merece atenção é a possibilidade de o autor desistir ou abandonar a ação. Fosse a decisão que decreta o divórcio uma decisão provisória, estes óbices seriam praticamente intransponíveis. No entanto, como se trata de uma decisão definitiva, proferida por meio da técnica do julgamento antecipado parcial de mérito, não há que se falar em desistência da ação ou abandono da causa para o autor no que diz respeito ao pedido de divórcio. O próprio procedimento comum rege essas hipóteses. É que o art. 485, § 5º, do CPC, limita a desistência da ação à sentença. Como o julgamento antecipado parcial de mérito é uma sentença parcial, uma vez proferida, a desistência da ação torna-se impossível.

Portanto, uma vez deferido o pedido de divórcio liminar, deve haver a citação do réu, a ser custeada pelo autor, espontaneamente ou não. Aliás, uma solução prática que pode simplificar sobremaneira o procedimento do divórcio liminar é que o magistrado exija a antecipação das custas de citação do réu. Esta medida em nada impede a realização do direito material e garante a segurança do juízo, no sentido de que o réu será efetivamente citado.

Se, por acaso, o autor desistir dos demais pedidos ou abandonar a causa, o processo poderá ser extinto, sem resolução do mérito em relação aos demais pontos, ou prosseguir mediante requerimento do réu.

O fator que merece maior cuidado e que decorre do problema formulado no parágrafo anterior é o dever do autor citar o réu. Este dever é inegociável, sob o ponto de vista do direito processual civil, uma vez que é absolutamente essencial que o réu divorciado tenha ciência de sua nova situação jurídica. Por este motivo, inclusive, renova-se a importância de o divórcio liminar ser expressamente requerido na inicial. Deve o autor assumir a responsabilidade de citar o réu no processo, ficando responsável pelo pagamento das custas processuais e por qualquer diligência que venha a ser necessária para efetivar o ato que dê ciência da decisão ao réu, inclusive eventual edital. Entende-se que o autor, nessa situação processual, também pode ser compelido a citar o réu por qualquer medida idônea, estando sujeito, portanto, à regra do art. 139, IV, do Código de Processo Civil. Em outras palavras, o divórcio liminar exige que o autor assuma o ônus de citar o réu e seja responsabilizado caso deixe de fazê-lo.

Superados esses óbices, tem-se que o restante do processo seguirá o procedimento comum. Após a citação, poderá o réu apresentar contestação a respeito dos demais pedidos, agravar da decisão que decretou o divórcio liminar e reconvir. A principal diferença entre este procedimento e o que se verifica, atualmente, como padrão, é que as partes em um processo de divórcio já estarão divorciadas. Ou melhor, já terão consciência da nova situação jurídica que as rege enquanto tramita o processo.

Uma vez que no julgamento antecipado parcial de mérito deve haver condenação em honorários advocatícios, vale o registro de que, nos moldes propostos nesta obra, como o pedido de decretação liminar do divórcio não tem repercussão econômica, deve-se aplicar o art. 85, § 8º, do Código de Processo Civil.

Por fim, resta examinar a hipótese em que o pedido formulado pelo autor seja apenas de divórcio, sem qualquer outra repercussão pessoal ou patrimonial. É o caso, por exemplo, de um casal sem filhos e sem qualquer patrimônio comum que já não convive na mesma residência. Não há, nesta situação, nenhum outro pedido que justifique o prosseguimento do processo para além da decretação liminar do divórcio. O instituto processual aplicável, nesta hipótese, é o julgamento antecipado do mérito, do art. 355, do Código de Processo Civil. O requisito da referida técnica, como se sabe, é a desnecessidade de produção de outras provas ou a revelia com presunção de veracidade dos fatos alegados pelo autor e a inexistência de requerimento de outra prova. A questão é resolvida pela hipótese do inciso I, uma vez que o pedido de divórcio depende, exclusivamente, da manifestação de vontade do cônjuge e da prova do casamento. Como o réu não tem qualquer defesa oponível ao pedido, o magistrado pode receber a petição inicial e proferir sentença – com os mesmos efeitos do julgamento antecipado parcial de mérito – e decretar o divórcio das partes. O dever do autor de citar o réu, a fim de cientificá-lo, permanece.

Pontue-se, por fim, que esta solução também impede o autor de desistir da ação. Por força do art. 485, § 5º, a desistência da ação pode ser apresentada até a sentença.

4.5 COMO FORMULAR O PEDIDO DE DIVÓRCIO LIMINAR

Retomando todos os argumentos desenvolvidos até aqui, cumpre consolidá-los e conceber uma petição inicial com requerimento de divórcio liminar. Mais do que seguir o art, 319, do CPC, com os requisitos essenciais da exordial, a lógica aqui empregada será a de preencher os elementos do art. 489, § 1º, do CPC, para que o advogado contribua diretamente em prol de uma sentença devidamente fundamentada.[12]

Como qualquer petição inicial, o primeiro passo para a formulação da demanda é a indicação do juízo a que é dirigida. O advogado deverá se atentar para eventuais regras de competência absoluta, tais como o domicílio dos filhos menores estabe-

---

12. É a linha sustentada por LARA, Juliane. G.; PUGLIESE, William S. A motivação das decisões como direito fundamental material. In: ALEXANDRE, André Demétrio; LARA, Gustavo Dalpupo de; KOZICKI, Katya; OLIVEIRA, Marcelo Andrade Cattoni de; BUSTAMANTE, Thomas; CHUEIRI, Vera Karam de (Org.). *Interpretação da constituição e jurisdição constitucional.* Belo Horizonte: Arraes, 2019. v. 2. p. 144-159.

lecido pelo art. 147, do Estatuto da Criança e do Adolescente[13], ou relativa, como o domicílio do alimentando, nos termos do art. 53, II, do Código de Processo Civil. Em seguida, as partes deverão ser qualificadas, nos termos do art. 319, II, do Código de Processo Civil.

Ao tratar dos fatos e dos fundamentos jurídicos do pedido é que a tese do divórcio liminar ganhará força. Em primeiro lugar, evidentemente, é necessário que a petição indique que as partes são casadas. A certidão de casamento deve ser juntada, obrigatoriamente. É igualmente importante destacar, na inicial, que a parte autora não tem mais interesse no casamento e que quer o divórcio. Este elemento, como se sustentou por diversas vezes, é essencial, na medida em que o divórcio depende de manifestação expressa de vontade por um dos cônjuges.

A continuidade da petição inicial depende dos demais pedidos que a parte pretende formular. Assim, deverá o advogado narrar os fatos pertinentes, seja para requerer a partilha, alimentos, regulamentação da guarda de filhos ou qualquer outro pedido decorrente do divórcio ou que possa ser cumulado. O advogado também deverá se atentar para quais pedidos serão acompanhados de requerimento de tutela provisória e fundamentá-los nos termos da espécie de tutela pretendida. Após a narrativa dos fatos, o advogado deverá fundamentar juridicamente os pedidos. Como exposto acima, o pedido de divórcio liminar deve ser formulado explicitamente pela parte autora.

Sugere-se, nessa linha, que a petição inicial tenha tópico próprio para fundamentar e requerer o divórcio liminar. Neste momento, todos os argumentos relevantes merecem ser desenvolvidos na petição: a Emenda Constitucional 66/2010, que alterou a Constituição de 1988, extinguiu os requisitos do divórcio, sendo necessário apenas que haja casamento válido e manifestação de vontade da parte; com isso, o direito ao divórcio passou a ser um direito potestativo, ou seja, que não admite oposição do cônjuge; se o direito material não exige qualquer requisito a ser avaliado judicialmente, uma regra de procedimento não pode impedir a decretação do divórcio; como não se concebe qualquer defesa possível ao cônjuge requerido para afastar o pedido de divórcio, não há razão para sobrecarregar a parte autora com o ônus do tempo do processo; se o pedido de divórcio é incontroverso e encontra-se em condições de julgamento imediato, este requerimento pode ser conhecido e deferido com fundamento no julgamento antecipado parcial de mérito, do art. 356, do Código de Processo Civil.

Cabe, também, afastar a incidência da decisão do STJ, com o intuito de dialogar com os arts. 489, § 1º, V e VI, do Código de Processo Civil. Como destacado no Capítulo 1, a decisão proferida no REsp 1.844.545/GO não é um precedente. Deste

---

13. PUGLIESE, William S.; GRUBERT, Camila. O limite temporal para a alteração da competência nas causas que envolvem interesses de menores. *Revista Magister de Direito Civil e Processual Civil*, v. 105, p. 103-115, 2021.

modo, não há que se falar no inciso V, pois não há precedente ou enunciado de súmula a respeito do tema. Por outro lado, cabe registrar, na petição, que a compreensão adequada do divórcio como direito potestativo justifica uma decisão diferente da proferida pelo STJ, na medida em que a devida compreensão da questão justifica a superação do entendimento anterior. Não há que se falar em distinção, já que não há, propriamente, um precedente sobre o assunto.

Ao citar a decisão do STJ, mas destacar a necessidade de que seja superada, a petição inicial também contribui para a integridade do direito e impede a formação de jurisprudência controvertida. Ou seja, a petição não omite o entendimento de 2020, do STJ, mas sustenta que ele pode ser superado por uma solução mais pertinente e adequada ao divórcio contemporâneo.

Depois do pedido de divórcio liminar, o advogado deve formular os demais pedidos, indicar o valor da causa, requerer as provas para provar a veracidade dos fatos alegados e optar pela audiência de mediação ou conciliação. Recomenda-se ao procurador da parte que reforce, nos pedidos, a possibilidade de deferimento liminar do divórcio, que as custas de citação já foram recolhidas e que o processo siga o procedimento das ações de família (arts. 693-699).

Nestes termos, ao receber a petição inicial, poderá o juízo decidir parcialmente o mérito, nos termos do art. 356, do Código de Processo Civil. É essencial, porém, que, após decretar o divórcio, determine a citação do cônjuge para que este tome ciência da decisão.

CONSIDERAÇÕES FINAIS

A presente obra teve como objetivo oferecer a via processual adequada para se obter o divórcio por meio de uma decisão liminar. Demonstrou-se, a partir da legislação, da jurisprudência e da doutrina, que a técnica processual que permite a decretação liminar do divórcio é o julgamento antecipado parcial do mérito. Para se alcançar esta conclusão, retomam-se aqui as principais conclusões alcançadas neste livro.

Sem qualquer crítica aos que participaram da redação do Código de Processo Civil de 2015, deve-se partir da premissa de que a racionalidade do referido código não é consonante com a Emenda Constitucional 66/2010, também chamada de Emenda do Divórcio. Com exceção do fim do divórcio indireto, o Código de Processo Civil de 2015 não incorporou, nas regras de procedimento, nenhuma das inovações constitucionais. Isso leva à conclusão de que a natureza do divórcio como direito potestativo não é tomada em consideração pela lei processual. Cabe, portanto, à doutrina desenvolver uma técnica processual adequada para permitir a efetiva tutela do direito material ao divórcio.

Outra premissa para a obra é a de que a decisão monocrática do Min. Antonio Carlos Ferreira, proferida no REsp 1.844.545/GO, não é um precedente. Embora a decisão represente uma das teses em torno do debate, a questão não pode ser considerada pacificada. Há, portanto, espaço para examinar criticamente o entendimento citado pelas mais distintas vias. O STJ, a doutrina e os demais tribunais devem levar a decisão em consideração, mas não se limitar a ela, especialmente porque a técnica processual não pode restringir a tutela do direito material.

No que diz respeito aos conceitos de direito material envolvidos no livro, definiu-se o casamento como instituto anterior ao direito e que contempla, também, uma relação moral, entendido como uma relação entre duas pessoas na qual decidem constituir plena comunhão de vida. Quanto aos seus elementos jurídicos essenciais, registrou-se que o direito brasileiro exige a observância de um rito formal para o casamento ter validade, do que decorre o requisito de ato formal de manifestação de vontade para sua configuração. O divórcio, por sua vez, é a única via pela qual se pode dissolver completamente o casamento válido de cônjuges vivos. Ou seja, não sendo o caso de morte de um dos cônjuges, de nulidade ou de anulação do casamento, este só se dissolve pelo instituto do divórcio. O que parece absolutamente seguro de se afirmar é que a doutrina e a jurisprudência concordam que, no plano do direito material, o divórcio é um direito potestativo, contra o qual o cônjuge nada pode opor.

A questão ganha em complexidade, porém, quando se compreende que, ao longo de um casamento, surgem novos direitos, deveres e situações jurídicas. Daí decorre que, se o divórcio é a via pela qual se dissolve o casamento válido de cônjuges vivos, ele deve extinguir todos os efeitos desse casamento. Em outras palavras, o divórcio atinge, com eficácia negativa, os efeitos pessoais e patrimoniais do casamento. O divórcio, portanto, pode produzir efeitos jurídicos sobre circunstâncias fáticas e jurídicas que sequer existiam no momento do casamento. Tudo isso para sustentar que o divórcio, sob o ponto de vista material, pode sim ser requerido de modo liminar, mas com efeitos limitados. Mais especificamente, o divórcio imediato está circunscrito apenas à desconstituição dos efeitos pessoais do casamento. No que diz respeito aos efeitos patrimoniais, o divórcio liminar tende a coincidir cada vez mais com a data da separação de fato do casal e certamente se tornará um critério mais seguro para bem marcar o fim do regime de bens. Por outro lado, o divórcio liminar não se presta para resolver, definitivamente, os temas afetos ao regime de guarda e convivência dos filhos nem a partilha de bens.

Após a compreensão da questão sob a lógica do direito material, lançou-se um olhar processual para o tema. Foram examinados os institutos processuais que, em tese, poderiam permitir a decretação do divórcio liminar. Nessa perspectiva, tratou-se da tutela de urgência, da tutela de evidência, do julgamento liminar de improcedência, do julgamento antecipado parcial de mérito e da teoria dos procedimentos especiais. Concluiu-se que nenhum deles, a princípio, prevê hipóteses legais que comportem a questão do divórcio liminar. Por outro lado, o estudo de cada uma dessas técnicas contribuiu para a interpretação coerente e sistemática do sistema processual e para o divórcio liminar. Com a tutela de urgência, entende-se que a tutela do direito material é mais importante que o procedimento. Mais do que isso, a tutela jurisdicional prestada de forma antecipada pode ser exatamente aquela almejada pelo autor. Pela tutela de evidência, apreende-se que não há razão para impor toda a demora do processo ao autor. Há um valor que orienta o direito processual a distribuir isonomicamente o ônus do tempo do processo. As técnicas de julgamento liminar de improcedência e de julgamento antecipado parcial do mérito ensinam que o direito processual civil já admite o julgamento do mérito da causa de forma antecipada e até mesmo liminar. A regra de que o julgamento de mérito somente pode ocorrer após toda a tramitação do procedimento comum e que a sentença deve ser una foi abandonada pelo Código de Processo Civil de 2015. Os procedimentos especiais, compreendidos sob o ponto de vista contemporâneo, demonstram que ao processo mais importa a satisfatividade da tutela e que os procedimentos devem ser concebidos para favorecer o tratamento do direito material. O objetivo do direito processual civil passa a ser a adoção de técnicas processuais adequadas para a tutela dos direitos.

Chega-se, enfim, às conclusões a respeito do divórcio liminar. No capítulo 4, afirmou-se que o divórcio não pode ser decretado em decisão provisória. Estão excluídas, por isso, as técnicas da tutela de urgência e de evidência como solução para o problema proposto. Isto não significa que o divórcio liminar não seja cabível. O que é necessário é uma decisão definitiva. Por esta razão, aponta-se o julgamento antecipado parcial de mérito como a técnica adequada para a decretação liminar do divórcio, considerando que este ato dispensa qualquer diligência de produção probatória e não impede a tramitação do feito para a decisão a respeito de outros pontos. Ao mesmo tempo, o julgamento antecipado parcial de mérito distribui adequadamente o ônus do tempo do processo.

A obra também apontou os limites da decretação liminar do divórcio e ofereceu soluções para a adequação do procedimento após a aplicação da referida técnica. Ao final, apresentou aos profissionais uma forma concreta de formular o pedido de divórcio liminar e indicou cuidados a serem tomados pelo magistrado ao deferir o pedido.

Com isso, espera-se cumprida nossa ousada intenção: fornecer bases processuais adequadas e idôneas para que o divórcio liminar possa ser decretado. Como se buscou demonstrar, a medida é adequada sob o ponto de vista do direito material e promove maior eficiência. Espera-se que esse entendimento seja adotado pelo Superior Tribunal de Justiça de modo a firmar precedente que irradie por toda a jurisprudência pátria. Isso, sem dúvida, representará um Direito das Famílias alinhado com os preceitos constitucionais de dignidade da pessoa humana e planejamento familiar.

REFERÊNCIAS

ABDO, Helena. *O abuso do processo.* São Paulo: Revista dos Tribunais, 2007.

ARAUJO JR., Gediel Claudino. *Prática no direito de família.* 13. ed. E-book. Disponível em: https://integrada.minhabiblioteca.com.br/#/books/9788597026498/. Acesso em: 15 jun. 2021.

AZEVEDO, Álvaro Villaça. *Estatuto da família de fato.* 2. ed. São Paulo: Atlas, 2002.

BARROSO, Luís Roberto. *Interpretação e aplicação da Constituição.* 7. ed. São Paulo: Saraiva, 2017.

BEDAQUE, José Roberto dos Santos. *Tutela cautelar e tutela antecipada*: tutelas sumárias e de urgência (tentativa de sistematização). 4. ed. São Paulo: Malheiros, 2006.

BEVILÁQUA, Clóvis. *Direito da família.* 8. ed. Rio de Janeiro: Livraria Freitas Bastos, 1956.

BITTAR, Carlos Alberto. *Direito de família.* 2. ed. rev. e atual. Rio de Janeiro: Forense Universitária, 1993.

BRASIL. Câmara dos Deputados. *Notas taquigráficas.* Disponível em: https://www2.camara.leg.br/atividade-legislativa/comissoes/comissoes-temporarias/especiais/54a-legislatura/8046-10-codigo-de-processo-civil/documentos/controle-tramitacao-e-notas-taquigraficas. Acesso em: 22 abr. 2022.

BRASIL. Câmara dos Deputados. Departamento de Taquigrafia, Revisão e Redação. Núcleo de Redação Final em Comissões. *Debate sobre projetos de lei de alteração do Código de Processo Civil.* Disponível em: https://www2.camara.leg.br/atividade-legislativa/comissoes/comissoes-temporarias/especiais/54a-legislatura/8046-10-codigo-de-processo-civil/documentos/controle-tramitacao-e-notas-taquigraficas/nt-22.11.11-cpc. Acesso em: 22 abr. 2022.

BRASIL. Câmara dos Deputados. Departamento de Taquigrafia, Revisão e Redação. Núcleo de Redação Final em Comissões. *Debate sobre o tema Procedimentos Especiais*: deliberações e requerimentos. Disponível em: https://www2.camara.leg.br/atividade-legislativa/comissoes/comissoes-temporarias/especiais/54a-legislatura/8046-10-codigo-de-processo-civil/documentos/controle-tramitacao-e-notas-taquigraficas/nt-26.10.11-cpc. Acesso em: 22 abr. 2022.

CABRAL, Antonio do Passo. A duração razoável do processo e a gestão do tempo no projeto de novo Código de Processo Civil. In: FREIRE, Alexandre et al. *Novas tendências do processo civil.* Salvador: JusPodivm, 2013. p. 72-97.

CAMBI, Eduardo et al. *Curso de processo civil completo.* 2. ed. São Paulo: Revista dos Tribunais, 2019.

CAMPOS, Diogo Leite de. *Lições de direito da família e das sucessões.* 2. ed. rev. e atual. Coimbra: Almedina, 1997.

CHIOVENDA, Giuseppe. *Instituições de direito processual civil.* São Paulo: Saraiva, 1965. v. 1.

CHUEIRI, Vera Karam de et al. *Fundamentos de direito constitucional.* Salvador: JusPodivm, 2021.

DELGADO, Mário Luiz. A nova redação do § 6º do art. 226 da CF/1988: por que a separação de direito continua a vigorar no ordenamento jurídico brasileiro. In: COLTRO, Antonio Carlos

Mathias; DELGADO, Mário Luiz (Coord.). *Separação, divórcio, partilha e inventários extrajudiciais*: questionamentos sobre a Lei 11.411/2007. 2. ed. São Paulo: Método, 2011. p. 25-48.

DELGADO, Mário Luiz; SIMÃO, José Fernando. Impedir a declaração unilateral de divórcio é negar a natureza das coisas. *Consultor Jurídico*, 19 maio 2019. Disponível em: https://www.conjur.com.br/2019-mai-19/processo-familiar-barrardeclaracao-unilateral-divorcio-negar-natureza-coisas. Acesso em: 22 abr. 2022.

DIAS, Maria Berenice. *Manual de direito das famílias*. 3. ed. rev., atual. e ampl. São Paulo: Revista dos Tribunais, 2006.

DIAS, Maria Berenice. *Manual de direito das famílias*. 8. ed. São Paulo: Revista dos Tribunais, 2011.

DIAS, Maria Berenice. *Manual de direito das famílias*. 9 ed. rev., atual. e ampl. de acordo com: Lei 12.344/2010 (regime obrigatório de bens): Lei 12.398/2011 (direito de visitas dos avós). São Paulo: Revista dos Tribunais, 2013.

DIAS, Maria Berenice. *Manual de direito das famílias*. 14. ed. Salvador: JusPodivm, 2021.

DIDIER JR, Fredie. O direito de ação como complexo de situações jurídicas. *Revista de Processo*, São Paulo, n. 210, p. 41-56, 2012.

DIDIER JR., Fredie; CABRAL, Antonio do Passo; CARNEIRO DA CUNHA, Leonardo. *Por uma nova teoria dos procedimentos especiais*: dos procedimentos às técnicas. 2. ed. Salvador: JusPodivm, 2021.

DINAMARCO, Cândido Rangel. *Capítulos de sentença*. 7. ed. Salvador: JusPodivm, 2021.

DINIZ, Maria Helena. *Manual de direito civil*. São Paulo: Saraiva, 2011.

DIVÓRCIO impositivo é apresentado como projeto de lei no Senado. *IBDFAM*, 12 jun. 2019. Disponível em: https://ibdfam.org.br/noticias/6965/iv%C3%B3rcio+Impositivo+%C3%A9+apresentado+como+projeto+de+lei+no+Senado%3B+texto+foi+elaborado+por+membros+do+IBDFAM. Acesso em: 22 abr. 2022.

DOTTI, Rogéria. *Tutela da evidência*: probabilidade, defesa frágil e o dever de antecipar a tempo. São Paulo: Revista dos Tribunais, 2020.

DWORKIN, Ronald. *Law's Empire*. Cambridge: Harvard University Press, 1986.

FACHIN, Luiz Edson. *Direito de família*: elementos críticos à luz do novo Código Civil brasileiro. 2. ed. Rio de Janeiro: Renovar, 2003.

FARIAS, Cristiano Chaves de; ROSENVALD, Nelson. *Curso de direito civil*: famílias. 4. ed. Salvador: JusPodivm, 2012.

FIÚZA, César. *Direito civil*: curso completo. 12. ed. Belo Horizonte: Del Rey, 2008.

FUX, Luiz. *Tutela de segurança e tutela da evidência*. São Paulo: Saraiva, 1996.

GAGLIANO, Pablo Stolze; PAMPLONA FILHO, Rodolfo. *Novo curso de direito civil*. 2. ed. São Paulo: Saraiva, 2012. v. 2.

GOMES, Orlando. *Direito de família*. 14. ed. rev. e atual. Rio de Janeiro: Forense, 2002.

GONÇALVES, Carlos Roberto. *Direito civil brasileiro*: direito de família. 18. ed. São Paulo: Saraiva, 2021. v. 6.

GUEST, Stephen. *Ronald Dworkin*. São Paulo: Elsevier, 2010.

DIVÓRCIO direto completa 10 anos; emenda constitucional foi concebida em parceria com o IBDFAM. *IBDFAM*, 09 jul. 2020. Disponível em: https://ibdfam.org.br/noticias/7472/Div%-C3%B3rcio+direto+completa+10+anos%3B+emenda+constitucional+foi+concebida+em+parceria+com+o+IBDFAM. Acesso em: 19 abr. 2022.

JUIZ da Bahia concede divórcio por liminar antes de ouvir uma das partes. *Consultor Jurídico*, 17 jul. 2017. Disponível em: https://www.conjur.com.br/2014-jul-17/juiz-bahia-concede-divorcio-liminar-antes-ouvir-parte. Acesso em: 22 abr. 2022.

KOZIKOSKI, Sandro M.; PUGLIESE, William S. Uniformidade da Jurisprudência, divergência e vinculação do colegiado. In: MARANHÃO, Clayton; BARBUGIANI, Luiz Henrique Sormani; RIBAS, Rogério; KOZIKOSKI, Sandro (Org.). *Ampliação da colegialidade*: técnica de julgamento do art. 942 do CPC. Belo Horizonte: Arraes, 2017. p. 21-36.

LACERDA, Galeno. *Comentários ao Código de Processo Civil*. 7. ed. Rio de Janeiro: Forense, 1998. v. 8, Tomo 1.

LARA, Juliane. G.; PUGLIESE, William S. A motivação das decisões como direito fundamental material. In: ALEXANDRE, André Demétrio; LARA, Gustavo Dalpupo de; KOZICKI, Katya; OLIVEIRA, Marcelo Andrade Cattoni de; BUSTAMANTE, Thomas; CHUEIRI, Vera Karam de (Org.). *Interpretação da constituição e jurisdição constitucional*. Belo Horizonte: Arraes, 2019. v. 2.

LEITE, Eduardo de Oliveira. *Direito civil aplicado*: direito de família. São Paulo: Revista dos Tribunais, 2005. v. 5.

LÔBO, Paulo. Divórcio: alteração constitucional e suas consequências. *IBDFAM*, 09 jul. 2010. Disponível em: https://ibdfam.org.br/artigos/629/novosite. Acesso em: 22 abr. 2022.

MACCORMICK, Neil; SUMMERS, Robert. Introduction. In: MacCORMICK, Neil; SUMMERS, Robert (Eds.). *Interpreting Precedents*: a comparative study. Dartmouth: Ashgate, 1997.

MADALENO, Rolf. *Curso de direito de família*. 4. ed. Rio de Janeiro: Forense, 2011.

MADALENO, Rolf. *Direito de família*. 10. ed. Rio de Janeiro: Forense, 2020. E-book. Disponível em: https://integrada.minhabiblioteca.com.br/#/books/9788530987961/. Acesso em: 18 jun. 2021.

MARINONI, Luiz Guilherme. *Tutela específica*. São Paulo: Revista dos Tribunais, 2000.

MARINONI, Luiz Guilherme. *Teoria geral do processo*. São Paulo: Revista dos Tribunais, 2006.

MARINONI, Luiz Guilherme. *Precedentes obrigatórios*. São Paulo: Revista dos Tribunais, 2010.

MARINONI, Luiz Guilherme; ARENHART, Sergio Cruz; MITIDIERO, Daniel. *Novo Código de Processo Civil comentado*. São Paulo: Revista dos Tribunais, 2015.

MARINONI, Luiz Guilherme; ARENHART, Sérgio Cruz; MITIDIERO, Daniel. *Curso de processo civil*: teoria do processo civil. 3. ed. São Paulo: Revista dos Tribunais, 2017.

MARINONI, Luiz Guilherme. *Tutela de urgência e tutela da evidência*. 3. ed. São Paulo: Revista dos Tribunais, 2019.

MARINONI, Luiz Guilherme. *Técnica processual e tutela dos direitos*. 7. ed. São Paulo: Revista dos Tribunais, 2020.

MARINONI, Luiz Guilherme; ARENHART, Sérgio Cruz; MITIDIERO, Daniel. *Curso de processo civil*: tutela dos direitos mediante procedimento comum. 6. ed. São Paulo: Revista dos Tribunais, 2020. v. 2.

MAZINI, Paulo Guilherme Ribeiro da Rosa. *Tutela da evidência*: perfil funcional e atuação do juiz à luz dos direitos fundamentais do processo. São Paulo: Almedina, 2020.

MITIDIERO, Daniel. *Antecipação da tutela*: da tutela cautelar à técnica antecipatória. 3. ed. São Paulo: Revista dos Tribunais, 2017.

MONTEIRO, Washington de Barros. *Curso de direito civil*: direito de família. 29. ed. São Paulo: Saraiva, 1992. v. 2.

MORAES, Bernardo Bissoto Queiroz de. A formação da ideia de um "direito de família". In: SILVA, Regina Beatriz Tavares da; BASET, Ursula Cristina (Coord.). *Família e pessoa*: uma questão de princípio. São Paulo: YK, 2018. p. 197-232.

NORONHA, Fernando. *Direito das obrigações*. 4. ed. São Paulo: Saraiva, 2013.

OLIVEIRA, Carlos Alberto Alvaro de; MITIDIERO, Daniel. *Curso de processo civil*. São Paulo: Atlas, 2012. v. 2.

OLIVEIRA, José Lamartine Corrêa de; MUNIZ, Francisco José Ferreira. *Curso de direito de família*. 4. ed. Curitiba: Juruá, 2001.

PEREIRA, Caio Mário da Silva. *Instituição de direito civil*: direito de família. 11. ed. rev. e atual. Rio de Janeiro: Forense, 1999. v. 5.

PEREIRA, Rodrigo da Cunha. *Divórcio*: teoria e prática. Rio de Janeiro: GZ, 2010.

PEREIRA, Rodrigo da Cunha. *Direito das famílias*. Rio de Janeiro: Forense, 2020. Ebook. Disponível em: https://integrada.minhabiblioteca.com.br/#/books/9788530990824/. Acesso em: 20 abr. 2021.

PEREIRA, Rodrigo da Cunha. *Direito das famílias*. Rio de Janeiro: Grupo GEN, 2021.

PONTES DE MIRANDA, Francisco Cavalcanti. *Tratado de direito privado*. Atualizado por Marcos Bernardes de Mello; Marcos Erhardt Jr. São Paulo: Revista dos Tribunais, 2012. Tomo 5.

PONTES DE MIRANDA, Francisco Cavalcanti. *Tratado de direito privado*. Atualizado por Rosa Maria Barreto Borriello de Andrade Nery. São Paulo: Revista dos Tribunais, 2012. Tomo 8.

PUGLIESE, William S. A tutela preventiva do dever alimentar. *Revista Jurídica Themis*, v. 19, p. 95-113, 2008.

PUGLIESE, William S. *Precedentes e a civil law brasileira*. São Paulo: Revista dos Tribunais, 2016.

PUGLIESE, William S. *Princípios da jurisprudência*. Belo Horizonte: Arraes, 2017.

PUGLIESE, William S. O direito evidente ao divórcio: decisões recentes a respeito do divórcio liminar. *Consultor Jurídico* (São Paulo, On-line), v. 1, p. 1-1, 2021.

PUGLIESE, William S.; GRUBERT, Camila. O limite temporal para a alteração da competência nas causas que envolvem interesses de menores. *Revista Magister de Direito Civil e Processual Civil*, v. 105, p. 103-115, 2021.

REALE, Miguel. *Lições preliminares de direito*. 27. ed. São Paulo: Saraiva, 2002.

RODRIGUES, Silvio. *Direito civil*: direito de família. 24. ed. São Paulo: Saraiva, 1999. v. 6.

ROTHENBURG, Walter Claudius. Direitos fundamentais e suas características. *Revista de Direito Constitucional e Internacional*, São Paulo, v. 30, p. 146-158, 2000.

SANTOS, Luiz Felipe Brasil. Emenda do divórcio: cedo para comemorar. *IBDFAM*, 21 jul. 2010. Disponível em: https://ibdfam.org.br/artigos/648/Emenda+do+Div%C3%B3rcio:+Cedo+para+Comemorar. Acesso em: 22 abr. 2022.

SARLET, Ingo Wolfgang. *A eficácia dos direitos fundamentais*: uma teoria geral dos direitos fundamentais na perspectiva constitucional. 13. ed. Porto Alegre: Livraria do Advogado, 2018.

SCHAUER, Frederick. *Thinking like a lawyer*: a new introduction to legal reasoning. Cambridge: Harvard University Press, 2009.

SILVA, Regina Beatriz Tavares da. *A emenda constitucional do divórcio*. São Paulo: Saraiva, 2011.

SILVA, Virgílio Afonso. *Direitos fundamentais*: conteúdo essencial, restrições e eficácia. 2. ed. São Paulo: Malheiros, 2017.

TARTUCE, Flavio. *Direito civil*: direito de família. 15. ed. Rio de Janeiro: Forense, 2020. v. 5.

TEIXEIRA, Ana Carolina Brochado; RIBEIRO, Gustavo Pereira Leite (Coords.). *Manual de direitos das famílias e das sucessões*. Belo Horizonte: Del Rey, 2008.

TEPEDINO, Gustavo. Abuso do direito potestativo. *Revista Brasileira de Direito Civil-RBDCivil*, v. 25, n. 3, p. 13-15, 2020.

VELOSO, Zeno. O novo divórcio e o que restou do passado. *IBDFAM*, 13 ago. 2010 https://ibdfam.org.br/artigos/661/O+Novo+Div%C3%B3rcio+e+o+Que+Restou+do+Passado. Acesso em: 22 abr. 2022.

VENOSA, Sílvio de Salvo. *Direito civil*: direito de família. 8. ed. São Paulo: Atlas, 2008. v. 6.

VIEIRA DE ANDRADE, José Carlos. *Os direitos fundamentais na constituição portuguesa de 1976*. Coimbra: Almedina, 2017.

WAMBIER, Luiz Rodrigues; TALAMINI, Eduardo. *Curso avançado de processo civil*. 19. ed. São Paulo: Revista dos Tribunais, 2019. v. 2.

XAVIER, Marília Pedroso. *Contrato de namoro*. 2. ed. Belo Horizonte: Fórum, 2020.

XAVIER, Marília Pedroso; PUGLIESE, William Soares. Decisões surpresa e inversão do ônus da prova. *Revista de Processo Comparado*, v. 2, p. 181-196, 2015.

LEGISLAÇÃO:

BRASIL. Câmara dos Deputados. Departamento de Taquigrafia, Revisão e Redação. Núcleo de Redação Final em Comissões. *Parecer ao Projeto de Lei 6.025, de 2005, do Senado Federal, e apensados, que trata do Código de Processo Civil*. Disponível em: https://www2.camara.leg.br/atividade-legislativa/comissoes/comissoes-temporarias/especiais/54a-legislatura/8046-10-codigo-de-processo-civil/documentos/controle-tramitacao-e-notas-taquigraficas/nt-29.11.11-cpc. Acesso em: 22 abr. 2022.

BRASIL. Conselho Nacional de Justiça. Recomendação 36, de 30 de maio de 2019. Dispõe sobre a vedação aos Tribunais de Justiça dos estados e do Distrito Federal de regulamentarem a averbação de divórcio por declaração unilateral emanada de um dos cônjuges. Disponível em: https://atos.cnj.jus.br/atos/detalhar/2923. Acesso em: 19 abr. 2022.

BRASIL. Conselho Nacional de Justiça. Resolução 35/2007, de 24 de abril de 2007. Disciplina a lavratura dos atos notariais relacionados a inventário, partilha, separação consensual, divórcio consensual e extinção consensual de união estável por via administrativa. (Redação dada pela Resolução 326, de 26.6.2020). Disponível em: https://atos.cnj.jus.br/atos/detalhar/179. Acesso em: 22 abr. 2022.

BRASIL. Constituição da República Federativa do Brasil de 1988. Disponível em: http://www.planalto.gov.br/ccivil_03/constituicao/constituicao.htm. Acesso em: 22 abr. 2022.

BRASIL. Emenda Constitucional 66, de 13 de julho de 2010. Dá nova redação ao § 6º do art. 226 da Constituição Federal, que dispõe sobre a dissolubilidade do casamento civil pelo divórcio, suprimindo o requisito de prévia separação judicial por mais de 1 (um) ano ou de comprovada separação de fato por mais de 2 (dois) anos. Disponível em: http://www.planalto.gov.br/ccivil_03/constituicao/emendas/emc/emc66.htm. Acesso em: 22 abr. 2022.

BRASIL. Lei 5.869, de 11 de janeiro de 1973. Institui o Código de Processo Civil. Disponível em: http://www.planalto.gov.br/ccivil_03/leis/l5869.htm. Acesso em: 22 abr. 2022.

BRASIL. Lei 6.515, de 26 de dezembro de 1977. Regula os casos de dissolução da sociedade conjugal e do casamento, seus efeitos e respectivos processos, e dá outras providências. Disponível em: http://www.planalto.gov.br/ccivil_03/leis/l6515.htm. Acesso em: 22 abr. 2022.

BRASIL. Lei 8.952, de 13 de dezembro de 1994. Altera dispositivos do Código de Processo Civil sobre o processo de conhecimento e o processo cautelar. Disponível em: http://www.planalto.gov.br/ccivil_03/leis/l8952.htm. Acesso em: 22 abr. 2022.

BRASIL. Lei 10.406, de 10 de janeiro de 2002. Institui o Código Civil. Disponível em: http://www.planalto.gov.br/ccivil_03/leis/2002/l10406compilada.htm. Acesso em: 22 abr. 2022.

BRASIL. Lei 13.105, de 16 de março de 2015. Código de Processo Civil. Disponível em: http://www.planalto.gov.br/ccivil_03/_ato2015-2018/2015/lei/l13105.htm. Acesso em: 22 abr. 2022.

PODER JUDICIÁRIO DO ESTADO DE PERNAMBUCO. Corregedoria Geral da Justiça. Provimento 06/2019. Regulamenta o procedimento de averbação, nos serviços de registro civil de casamentos, do que se denomina de "divórcio impositivo e que se caracteriza por ato de autonomia de vontade de um dos cônjuges, em pleno exercício do seu direito potestativo, no âmbito do Estado de Pernambuco, e dá outras providências. Disponível em: https://www.tjpe.jus.br/documents/29010/2103503/PROVIMENTO+N%C2%BA+06-2019-CGJ+ORIGINAL.pdf/80b8a35e-9a57-90c0-c536-9b72037741b2. Acesso em: 22 abr. 2022.

PODER JUDICIÁRIO DO ESTADO DO MARANHÃO. Corregedoria Geral da Justiça. Provimento 25 de 2019. Define o procedimento para a formalização do denominado "divórcio impositivo" ou "divórcio unilateral", que se fundamenta nos direitos humanos, especificamente aquele sacramentado no art. 16, item I, da Declaração Universal dos Direitos do Homem, de 1948, e nos princípios basilares do Estado Democrático de Direito, notadamente a individualidade, a liberdade, o bem-estar, a justiça e a fraternidade, petrificados, por sua importância, no Preâmbulo da Constituição Federal de 1988, que também acolhe, como corolários, o direito individual à celeridade na resolução das lides e a autonomia da vontade nas relações intersubjetivas, e dá outras providências. Disponível em: https://www.tjma.jus.br/atos/cgj/provimentos/titulo-provimento/425391. Acesso em: 22 abr. 2022.

JURISPRUDÊNCIA:

BRASIL. Conselho Nacional de Justiça. Pedido de Providências 0003491– 78.2019.2.00.0000. Rel. Min. Humberto Martins. Corregedoria Nacional de Justiça. Julgamento: 30/05/2019. Publicação: 31/05/2019. Disponível em: https://www.cnj.jus.br/pjecnj/ConsultaPublica/

DetalheProcessoConsultaPublica/documentoSemLoginHTML.seam?ca=bdd91994a-a68bb5ff87407864066623f03c0a7840554f94f35f1e20f8a9ea436073c08c38322ca6b-9d6b080be463048339b484d172d84d8e&idProcessoDoc=3651853. Acesso em: 19 abr. 2022.

BRASIL. Superior Tribunal de Justiça. AgInt na Pet 12.363/RJ. Rel. Min. Maria Isabel Gallotti. Julgamento: 05/02/2019. Órgão Julgador: Quarta Turma. Publicação: DJe 14 mar. 2019.

BRASIL. Superior Tribunal de Justiça. AgRg nos EDcl no AREsp 1.431.370/SP. Rel.: Min. Sebastião Reis Júnior. Julgamento: 17/09/2019. Órgão Julgador: Sexta Turma. Publicação: DJe 02/10/2019.

BRASIL. Superior Tribunal de Justiça. REsp: 422.778 SP 2002/0032388-0. Rel.: Min. Castro Filho. Julgamento: 19/06/2007. Órgão Julgador: Terceira Turma. Publicação: DJ 27/08/2007.

BRASIL. Superior Tribunal de Justiça. REsp 1.247.098/MS. Rel. Min. Maria Isabel Gallotti. Julgamento: 14/03/2017. Órgão Julgador: Quarta Turma. Publicação: DJe 16/05/2017.

BRASIL. Superior Tribunal de Justiça. REsp 1.844.545/GO. Rel.. Min. Antonio Carlos Ferreira. Publicação: 02/04/2020.

BRASIL. Superior Tribunal de Justiça. REsp 1.699.013/DF. Rel.: Min. Luis Felipe Salomão. Julgamento: 04/05/2021. Órgão Julgador: Quarta Turma. Publicação: DJe 04/06/2021.

MATO GROSSO. Tribunal de Justiça. AI 99447/2011. Rel. Clarice Claudino da Silva. Julgamento: 25 jan. 2012, unânime. Órgão Julgador: 2ª Câmara Cível. Publicação: DJE 09 fev. 2012.

PARANÁ. Tribunal de Justiça. 0041434-50.2020.8.16.0000 – Curitiba. Rel. Des. Rosana Amara Girardi Fachin. Julgamento: 24 set. 2020. Órgão Julgador: 12ª Câmara Cível.

PARANÁ. Tribunal de Justiça. Decisão monocrática. 0068786-80.2020.8.16.0000 – Curitiba. Rel. Des. Rogério Etzel. Julgamento: 19 nov. 2020. Órgão Julgador: 12ª Câmara Cível.

PARANÁ. Tribunal de Justiça. AI 1110021-5 – Foro Central da Comarca da Região Metropolitana de Curitiba. Rel. Vilma Régia Ramos de Rezende. Julgamento: 24 mar. 2014. Unânime. Órgão Julgador: 12ª Câmara Cível.

RIO GRANDE DO SUL. Tribunal de Justiça. AI 70059163402. Rel. Sandra Brisolara Medeiros. Julgamento: 07 abr. 2014. Órgão Julgador: Sétima Câmara Cível. Publicação: DJ 10 abr. 2014.

SANTA CATARINA. Tribunal de Justiça. AI 2014.013762-3, da Capital – Norte da Ilha. Rel. Des. Marcus Tulio Sartorato. Julgamento: 22 jul. 2014. Órgão Julgador: Terceira Câmara de Direito Civil.